前 言

自1886年世界上第一辆汽车问世以来，汽车作为现代工业文明的产物，以其无法抗拒的魅力，快节奏融入社会经济发展，深刻影响着人们的生活。在西方发达国家小汽车很早就进入普通家庭，成为人们日常生活的必需品。1902年慈禧太后拥有了我国第一辆汽车，新中国建立前都是达官显贵才能拥有。党的改革开放政策为轿车进入家庭创造了条件，2000年国家明确提出“鼓励轿车进入家庭”，有力促进了家庭小汽车的发展。

随着我国经济社会持续快速发展，群众购车刚性需求旺盛。同时，国家又采取了一系列鼓励发展家庭小汽车的政策,使小汽车快速进入中国寻常百姓家。到2015年年底，全国拥有家庭小汽车达1.24亿辆，占小型载客汽车保有量的91.53%。全国每百户家庭拥有31辆私家车，北京、成都、深圳等大城市每百户家庭拥有私家车超过60辆。全国汽车驾驶人2.8亿人，常年驾驶家庭小汽车的人数超过2亿人。家庭小汽车的普及成为中国进入小康社会的一个标志性的事件。

为适应家庭小汽车的健康发展，引导人们选购使用好车辆，本书主编李刚在2003年主编了《家庭汽车顾问手册》一书，时任交通部领导为该书作序。时隔十几年，家庭小汽车拥有量与当年已不可同日而语。面对上亿辆家庭小汽车和超两亿人的驾驶人群，如何正确购置、使用并安全驾驶好车辆，不断提高交通安全素质，成为新形势下面临的一个重要课题。为此，我们在原《家庭汽车顾问手册》一书的基础上，采用问答和图文并茂的形式，突出重点，精练内容，增补新知识，编绘出版了这本《安全行车　快乐驾驶》通俗读本，作为家庭小汽车安全使用指南，献给广大读者。

本书着眼于家庭小汽车的购置者和使用者，从购车、驾车、用车的实际出发，采取一问一答一图的形式，讲授知识，传授经验。以深入浅出的方式、简明扼要的文字、生动活泼的插图进行表述，力求通俗易懂，便于阅读。全书分为车辆购置与登记常识、道路交通行车规则、安全行车基本常识、安全驾驶基本要领、各类路况的安全驾驶、特殊天气下的安全驾驶、自驾游安全驾驶、车辆维护与修理、应急处置及事故处理、道路交通事故全责图解共10部分内容。希望人们通过阅读这本书,从中系统地学习到家庭汽车购置及使用的相关知识，增强安全意识，掌握安全行车的基本技能和方法，了解应急处置和事故处理的常用措施，为日后用好车、驾好车打下坚实的基础。从而使读者成为安全、快乐的驾驶人有所裨益和帮助。

编　者

2016年5月27日

目　录

三、安全行车基本常识

四、安全驾驶基本要领

五、各类路况的安全驾驶

六、特殊天气下的安全驾驶

七、自驾游安全驾驶

八、车辆维护与修理

九、应急处置及事故处理

附录一

附录二

家庭小汽车安全文明行车理念

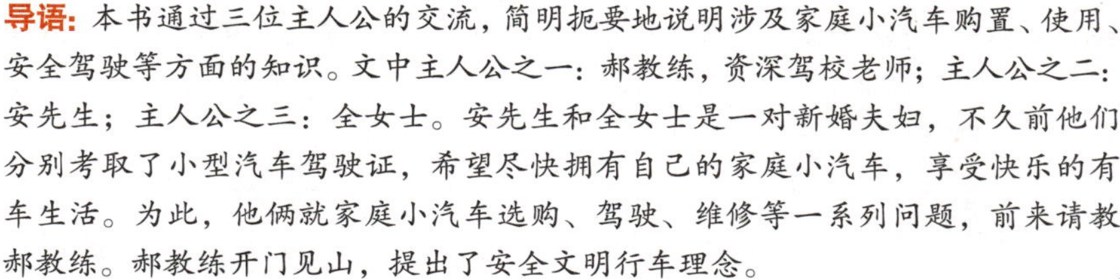

导语：本书通过三位主人公的交流，简明扼要地说明涉及家庭小汽车购置、使用、安全驾驶等方面的知识。文中主人公之一：郝教练，资深驾校老师；主人公之二：安先生；主人公之三：全女士。安先生和全女士是一对新婚夫妇，不久前他们分别考取了小型汽车驾驶证，希望尽快拥有自己的家庭小汽车，享受快乐的有车生活。为此，他俩就家庭小汽车选购、驾驶、维修等一系列问题，前来请教郝教练。郝教练开门见山，提出了安全文明行车理念。

●安全文明行车是每一位驾驶人义不容辞的责任。必须牢固树立安全第一的理念，严格遵守交通法规，文明参与交通出行。要自觉养成良好的驾车习惯和谨慎驾驶的意识，时刻做到集中注意力、仔细观察和提前预防。交通参与者之间的相互尊重、相互谦让，也是对自己和他人生命的尊重。

●要懂得关爱自己和他人的生命，时刻不忘“安全”二字。驾车时，要时刻集中注意力，清醒地意识到，任何一次冒险驾驶操作，或稍有一点疏忽、一丝侥幸，都有可能给自己和他人留下痛苦和遗憾，甚至会危及自身和他人最宝贵的生命。只有安全，才会快乐幸福。

●做遵章守法的驾驶人。要杜绝超速驾驶、疲劳驾驶、酒后驾驶，不开带病车，不开超载车，不撞交通法规“红线”。

●养成“文明礼让”的良好习惯。对行人、非机动车及其他车辆的礼让与保护，是对自己和他人生命的尊重。车让人，让出文明；车让车，让出风格；人让车，让出安全；人人相让，让出和谐交通。

驾驶心得：要养成安全驾驶的行为习惯，必须做到：远离毒品、不酗酒。日常生活有规律，保证充分睡眠。身体不适、情绪波动时暂缓出车；如服用了药物，应谨慎出车。行车时保持良好的身体状况和心理状态，如遇不适，应尽快停车休息并进行自我调整。

01 如何选购满意的家庭小汽车？

提要： 建议一般家庭选购小汽车应遵循“经济实用，安全舒适，节能环保，维修方便”四项原则，根据自己的经济实力、实际需要及个人爱好，在合适的地点，选购合适的品牌车型。

●经济实用。不同车型或同一车型因不同配置，价格相差较大。建议一般家庭选择产量大、通用性强、结构紧凑、性价比高，能够满足生活需要的车型及配置，不要盲目追求高档车和高配置。

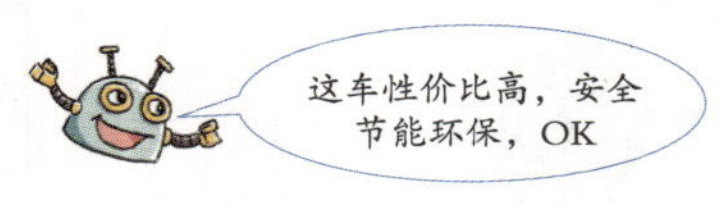

●安全舒适。选择公众口碑好、无明显缺陷，操控可靠、性能稳定，行驶平稳、乘坐舒适、故障率低，噪声较小、安全配置高、造型和颜色适中，符合自己爱好及使用要求的车型。

●节能环保。除有长期跑长途或山地野外行车需求外，城市家庭建议尽量选择实用、低油耗、高环保性能的车型。从燃料种类分，除汽油、柴油汽车外，电动汽车、燃气汽车、混合动力汽车环保性能更好，且购电动汽车有政策优惠，在充电方便的城市，不失为一种好的选择。

●维修方便。购车要考虑维修的便捷性。可选择售后服务好、网点多、维修费用低的厂家和产品，最好选择当地设有售后服务 4S 店或专业维修企业的品牌和车型，便于日后维护与修理。

●品牌信誉好。应尽量选择产品质量相对可靠、性能稳定、产量较大、维修方便，且享有车辆终身服务保障的国内外知名品牌车辆。并到厂家指定或授权的经销商处购买，以避开拼装车、假冒车、非原装车等问题，最好选择有售后服务功能的经销商。

特别提示： 作为家庭的代步工具，大众普遍认同的家庭小汽车标准是：价格适中、安全性较好、车内空间宽敞、内部装饰美观、驾乘感舒适、能满足全家出行、养车费用合理等。因此，建议购车人多从这几个方面，结合自身需求和经济能力综合考量。

02 家庭小汽车如何分类与选择？

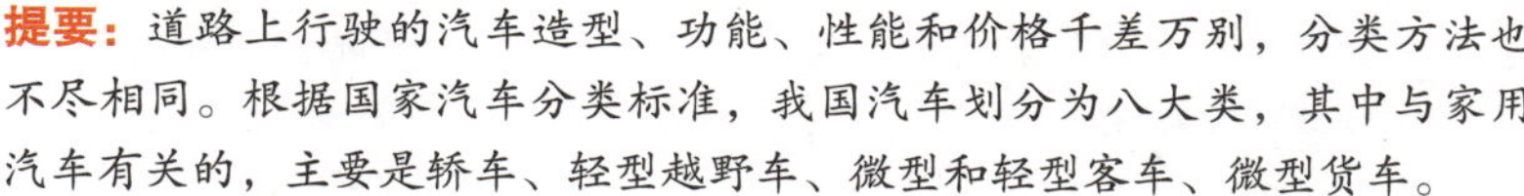

提要： 道路上行驶的汽车造型、功能、性能和价格千差万别，分类方法也不尽相同。根据国家汽车分类标准，我国汽车划分为八大类，其中与家用汽车有关的，主要是轿车、轻型越野车、微型和轻型客车、微型货车。

●按技术标准划分。轿车分为微型轿车（排量为1.0升以下），普通级轿车（排量为1.0~1.6升以下），中级轿车（排量为1.6~2.5升以下），中高级轿车（排量为2.5~4.0升以下），高级轿车（排量为4.0升以上）。越野车主要为最大总质量为5吨以下的轻型越野车；客车主要为车身长度小于3.5米的微型客车，车身长度为3.5~7米的轻型客车。

●按市场价格分法，通常以价格为主，技术规格为辅。20万元以上的轿车称为中高级轿车，15~20万元的为中级轿车，10~15万元的为普通级轿车，10万元以下的为微型轿车或经济型轿车。

根据需要，选购自己喜好的车型

●按功能划分，可将汽车分为乘用车和商用车，家用汽车一般多属乘用车类。轿车包括普通轿车、旅行轿车、轿跑车、跑车、敞篷车；越野车也有大中小之分；按车型布置可分为两厢车、三厢车，四门五座车、双门双座车、五门掀背车等。

●随着车型的发展变化，价格、款式、配置的选择越来越多样化，各级别车和各类型车的边缘交汇也越来越多。如有些车的排量、轴距与价格等项指标的组合，并不在典型的类别划分中。

小知识： 在购车之前，首先应根据未来主要用途选择轿车、越野车、小客车等车辆类型；再根据价格选择购车的档次，充分考虑车辆使用过程中油耗、维修、保险等费用支出。

03 如何选择家庭小汽车的配置？

提要： 车辆配置多种多样。以科技、智能、人性化为主导的配置成为各品牌厂商在市场博弈的砝码。作为购车者，选择配置主要从安全性、舒适性、性价比及个人经济实力等方面进行考量。实用就好，喜爱就好。

●硬件配置。主要有：车身外廓尺寸、车身形式、轴距等；发动机排量、汽缸数、排列形式、自然吸气或涡轮增压，变速器手动、自动或无级变速等；制动器盘式、鼓式或前盘后鼓式，转向和制动系统有无真空助力装置，有无天窗等。

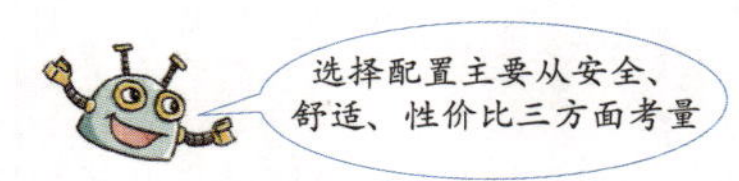

●安全功能配置。主要有：使制动系统发挥最佳效果的ABS(制动防抱死系统)，平衡每个车轮有效抓地力的EBD（制动力分配系统），提高牵引力、保持汽车行驶稳定性的TCS（驱动防滑系统），帮助车辆维持动态平衡的ESP、DSC、VSC（车身控制系统）等。电脑操控系统等新技术在提高车辆安全性方面有特别的功效。这些配置有的是标配，有的需要选配。

●其他配置。主要是指有利于提高安全性、舒适性、操控性和驾驶乐趣的功能配置。包括：安装安全气囊的数量，座椅操作方式和附加功能，定速巡航系统、电子导航系统、电控停车辅助系统、音像多媒体系统等多项功能配置。

●同一车型分不同配置，其价差较大。中低配置经济实惠，能实现车辆使用的基本功能；高端配置则具有更好的安全性和操控方便性，能更好地体会驾驶乐趣，但购车价格、维修费用相对昂贵。因此，应理智选择车辆配置。

小知识： 制动防抱死系统 (ABS) 是普遍采用的汽车安全装备。可以有效地防止汽车在紧急制动时车轮抱死的现象，保证汽车在任何路面上进行紧急制动时自动控制和调节制动力，减少在紧急制动过程中的跑偏、甩尾、侧滑等不稳定状态，获得良好的制动和操纵稳定性。

04 如何办理家庭购车贷款？

提要：贷款是帮助购车人解决一时资金不足，又急于圆购车梦的重要途径。目前，贷款购车主要分为两种：一是银行贷款，二是汽车金融公司贷款。申请贷款需要做好“功课”，事前向汽车经销商、银行或权威机构咨询，准备相关资信证明，签订合同时，一定要看清并理解各条款内容，确认后再签字。

●银行贷款分两种操作方式：一种是与银行有合作关系的汽车 4S 店协助购车者办理银行贷款；另一种是购车者自己到银行办理贷款。银行贷款利率较低，也比较安全，但申请程序较复杂，用时也较长，手续相对繁琐一点。最好用房产作抵押，这样放贷较快。

●汽车金融公司（属中介担保公司）协助购车者办理银行贷款有关手续。这种途径的贷款，条件相对宽松一些，申请手续简单，审批也较快，但贷款利率会高一些。

●购车贷款申请的基本条件：①必须有良好的个人信贷资信；②必须是年满 18 周岁并具备完全民事能力的中国公民；③出具良好的还贷能力的证明，如：收入证明、资产证明及有效身份证明等。

特别提示：国内一些大型汽车生产企业，如上汽通用、北京现代、东风标致雪铁龙、大众汽车、福特汽车等，都设有专门的汽车金融公司及其代理经销商，并且有较好的资信度，能提供良好的购车金融服务，建议可通过这些企业金融机构办理购车贷款。

05 购车前如何试驾？

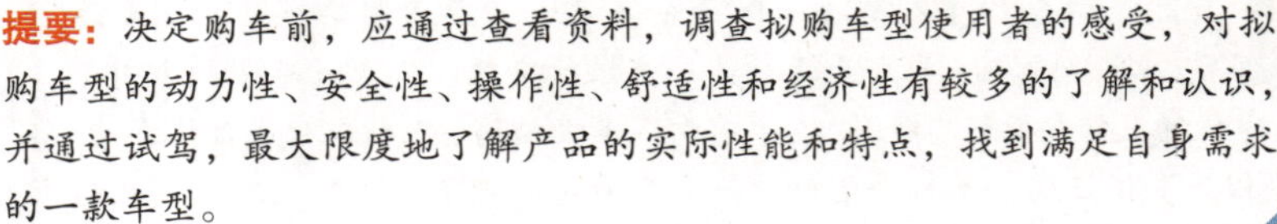

提要：决定购车前，应通过查看资料，调查拟购车型使用者的感受，对拟购车型的动力性、安全性、操作性、舒适性和经济性有较多的了解和认识，并通过试驾，最大限度地了解产品的实际性能和特点，找到满足自身需求的一款车型。

试驾可以更好地了解车辆的性能特点

●试驾一定要按照规范的驾驶动作操作，以便深入感觉和体验汽车性能。应从起动、起步到加减挡、加速、减速、转弯、制动和驻车制动等各环节进行查验，了解车辆运行是否顺畅、安全、舒适等。

●试驾需重点体验的内容应包括：座椅是否舒适，后视镜的盲区是否消除，发动机起动有无异响，起步是否平稳，加速时动力是否充足，行驶中是否有杂音，制动是否有效可靠，转向性能是否良好，掉头或转弯将转向盘转到极限有无异响等。特别是手动挡汽车，要注意体验起步时离合器的接合是否平顺，加、减挡是否顺畅等。

●有条件的，可以按不同车速分别行驶、减速及紧急制动，以体验车辆动力性、制动性能及制动时方向稳定性等感觉。可高速试驾，感觉车辆高速行驶时的稳定性、抓地感，看是否有车轮摆动、转向盘发飘的现象。在不影响其他车辆时，还可低速试试蛇行，感觉车辆的操控性能。

特别提示：为更好地了解拟选购车型及配置，试驾时，可选择同款车型的基本配置和最高配置车辆进行比对性试驾。试车后，可向经销商咨询，进一步了解产品情况；还可与其他试驾者或者在相关试驾论坛上进行交流，以便选择、确定较理想的车型及配置。

06 提车时如何验车？

提要： 验车是车辆购置中十分重要的环节，除了确认发动机号、车架号、产品合格证及出厂日期等标注信息与车辆一致、保证车辆身份合法外，还要对整车各部分进行查验，确保无明显缺陷。另外，购买进口车应仔细查验进口货物证明以及关税、增值税等各项应交的税单情况。

●车辆身份验查。查看车辆识别代号、发动机号码、底盘号码等与产品合格证上标注的内容是否一致；查看出厂日期辨别其是否为积压车辆；查看车型、功率、座椅数量、发动机型号是否与说明书记录一致；按说明书核对清点车上配备的工具和附件。

●静态检查。提新车前要对整体外观进行检查，重点有：车身是否有划痕、损伤及修复；车灯、外表、轮胎、车玻璃窗等是否完好无损；车门、发动机罩、行李舱、油箱口是否能轻松打开和关闭；车内安全装置、操纵装置、座椅、灯光、车窗、刮水器和空调等各种开关性能是否正常；车窗玻璃升降是否顺利，整车有无漏油、漏水现象。新车里程表数值最好不超过 10 公里。

●动态检查。起动发动机，检查各个仪表是否工作正常，发动机怠速运转状态是否平稳，加速运转是否平顺。起步后，逐级换到最高挡，控制发动机转速在 2500 转 / 分钟以下，经过直线行驶、转弯、制动、不平路面等状态的行驶，体验发动机、变速器、悬架系统、制动系统等情况是否稳定。

●审核文书。包括审核购置合同及补充条款、购车发票三联、注册登记表、合格证、车辆免检单、技术参数表、维修手册等，在明确自己的权利和义务后再签字。

特别提示： 提车时最好有两人以上，邀请比较熟悉汽车的专业人士协同验车。验车时，先将车开到明亮空旷处，按照从外到内的顺序进行查验。要注意观察车漆的色差、有无新焊接痕迹、各处钣金缝隙是否一致等，以防销售方将展车、长期库存车、剐碰修复车假冒新车出售。

07 新车怎样购买保险？

提要：为机动车投保，是为交通事故受害人化解风险、挽回损失、提供及时和基本经济保障的重要措施。法律规定机动车辆必须购买交强险，才能办理相关登记、挂牌领证手续。由于交强险赔付范围和额度有限，从保障自身利益出发，合理选择商业险种投保十分必要。

●投保渠道。一是通过有保险代办资质的汽车销售商代购保险；二是车主直接选择保险公司投保。选择哪种保险形式，应根据自己的情况来定。新驾驶人、新车建议选择规模较大、网点多、服务较好的保险公司。小的保险公司受网点布局限制，可能会对服务及时性有所影响。尤其不要选择没有保险代办资质的汽车销售商代办保险，以免上当受骗。

●交强险。国家规定必须购买的交强险存在承保范围较窄、赔付金额较低等局限性，如只赔付第三方的事故损失，其赔款在投保方负有事故责任情况下，限额不足13万元；在投保方不负事故责任时，赔付限额不超过1.2万元；出险时赔付金额显然不足。

●商业险种。从车主和车况实际出发，可以投保以下机动车商业险种组合：一是适合新驾驶人、新车的全面保障型。二是适合新驾驶人、旧车的经济保障型。三是适合老驾驶人、新车的以车为本型。四是适合老驾驶人、旧车的以人为本型。

小知识：四种机动车商业险种组合介绍：①全面保障型为车辆损失险、第三者责任险、全车盗抢险、自燃损失险、玻璃单独破碎险、新增加设备损失险、不计免赔特约险、车上（人员）责任险、无过失责任险等。新车前5年内还可加购车身划痕险。②经济保障型为车辆损失险、第三者责任险、自燃损失险、不计免赔特约险、车上（人员）责任险、无过失责任险。③以车为本型为车辆损失险、第三者责任险、全车盗抢险、玻璃单独破碎险、新增加设备损失险、不计免赔特约险。④以人为本型为第三者责任险、车上责任险、无过失责任险。

08 家用小汽车如何注册登记？

提要：机动车只有办理登记、上牌、领证手续后，才能合法上路行驶。目前，经销商大都会提供一条龙服务；即便自己办理，车管部门也会提供“一站式”服务。车主要做的是准备好各种所需资料、证件，以免来回奔波。

●车辆注册登记前准备：交付购车款后，经销商会提供汽车质量合格证，以及临时牌证，开具购车发票。要注意认真核对购车发票上的车主姓名和身份证号码，确保无误。在办理手续前，还应按规定先缴纳车辆购置税和车辆保险费。

●车辆注册登记需提供的资料主要有：①购车发票三联（报税联、注册登记联、发票联）。②汽车质量合格证或者进口小汽车进口凭证原件和复印件。③车辆所有人的身份证原件、复印件；如由代理人代办，还需出示委托书和代理人身份证明。④车辆购置税的完税证明。⑤法律、行政法规规定应当在登记时提交的其他证明、凭证。⑥实行机动车限购的城市还要提交购车指标编码。

●办理车辆注册登记：车主持上述资料，到车管部门领取并准确填写新车注册登记表，进行车辆信息登记。登记完成后，车管所将对申牌车辆进行检测、验证，并将检验结果与车辆登记信息及车主进行逐一对比确认。在确认无误后，对车辆进行拍照存档。然后，车主可在电脑上随机选取自己的车牌号码，缴纳工本费和制作费等。在规定的工作时日后，车主可领取车辆正式号牌、车辆行驶证、车辆登记证、合格标志、环保标志等。至此，整个购车办证过程基本完成。

法律规定：机动车号牌应按规定悬挂并保持清晰、完整，不得故意遮挡、污损。车辆上路行驶应放置检验合格标志、保险标志，并随车携带机动车行驶证。如发生登记证书、号牌、行驶证丢失、损坏等情况，要及时到公安车管所申请补发。

09 购买二手车应注意哪些事项？

提要：不同于买新车，二手车每一款车的车况都不一样。除了根据自己经济实力、喜好等因素决定外，在选购二手车过程中必须注意对车辆进行认真查验。购车过程中，特别要核对车辆证照、证件是否齐全，是否有欠费或违章记录，是否已办理抵押登记等情况。如证照不全或有不良记录，会给买车者带来经济纠纷，甚至买车者还要承担法律责任。

●二手车查验的重点是：①机动车牌号，主要看有无涂抹更改的痕迹，应与行驶证上登记号牌一致。②车架号，应与行驶证上登记号码保持一致。③保险单，除了看有无保险单外，还要看清楚保险的险种和有效期。④对发动机性能等进行综合评估，了解车况真实性。在二手车交易中，如自身不具备检查识别能力，可找专业的旧车经纪公司代理，负责查验车辆来源、手续真伪。

●谨防二手车交易中的欺诈行为：①不要一味贪图便宜，避免购买盗抢、诈骗等来源非法的二手车。②防止买到手续造假的车辆，避免因假手续引发补交费用和巨额罚款的问题。③认真核对卖车人与行驶证的车主身份是否相符，或卖车人是否对所卖机动车拥有财产所有权和使用权，避免陷入不必要的财产纠纷。

●二手车交易可按以下流程过户：到办事大厅，提交机动车注册、转移、注销登记表，转入申请表，检查记录表，原登记证，原行驶证，原车主身份证，原车牌号，车辆照片，交易市场过户发票等资料；领取旧车买卖合同，由交易双方填写签章后，办理“转移受理”手续；将车辆开到过户验车处，检查、拓号、拆牌和照相；拿到转移受理回执单后，挂牌拍照。

特别提示：二手车交易要认真辨认手续、资料的真实性，谨防买到报废车。因为报废车辆根本无法正常过户，往往存在严重的安全隐患；而且驾驶报废车上路属违法行为，当事人将面临记 12 分、吊销驾驶证、罚款 1000 元的处罚，且两年后才有资格重新考取驾驶证。

10 如何办理车辆变更、转移等手续?

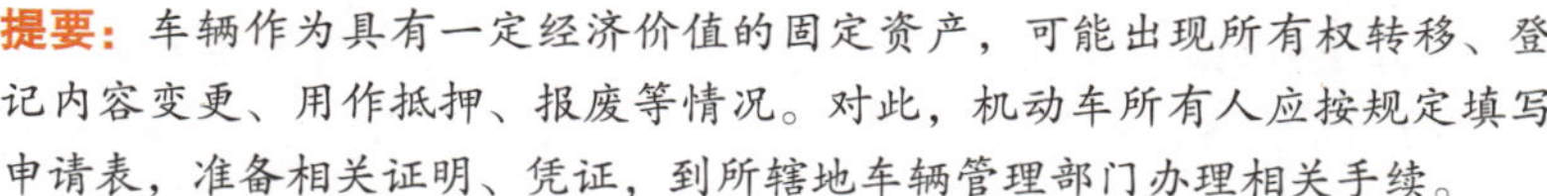

提要： 车辆作为具有一定经济价值的固定资产，可能出现所有权转移、登记内容变更、用作抵押、报废等情况。对此，机动车所有人应按规定填写申请表，准备相关证明、凭证，到所辖地车辆管理部门办理相关手续。

●变更、转移登记：对已经办理注册登记的家用小汽车，如果要改变车身颜色、更换发动机、更换车身或车架、因质量问题更换整车、迁出或者迁入车辆管理所管辖区域、变更所有人时，要到原登记地公安车辆管理所交验车辆，提交相关证明、凭证，申请变更登记。如所有权需要发生转移，办理转移登记手续，还须向车辆管理所提交有效期限内的安全技术检验证明。

●抵押登记：将已注册登记的家用小汽车作为抵押物抵押时，由车辆所有人和抵押权人到原登记地车辆管理所共同提出抵押登记申请。抵押权消灭的，要向登记地车辆管理所申请解除抵押登记。

●注销登记：已注册登记的家用小汽车灭失、因故不在我国境内使用、因质量问题退车时，要向登记地车辆管理所申请注销登记，车辆使用年限已达到国家规定的强制报废标准时应办理注销手续。

●车辆涉及未处理完毕的交通安全违法行为或交通事故时，不能办理转移登记和注销登记。

法律规定： 交警部门车辆管理所在办理相关登记申请时，对申请材料齐全并符合法律或行政法规的，会在一个工作日内办结。对申请材料不齐全或者其他不符合法定形式的，会一次告知申请人需要补齐的全部内容。对不符合规定的，会书面告知不予受理、登记的理由。

11 新车出现质量问题怎么办？

提要： 国家有关部门颁布实施的《家用汽车产品修理、更换、退货责任规定》明确，三包有限期内，发现维修范围内的质量问题，经销商或厂方客服站点有义务承担检修、更换配件责任，乃至接受客户提出的换车或退车要求。

●家用汽车产品自销售者开具购车发票之日起 60 日内或者行驶里程 3000 公里之内（以先到者为准），发动机、变速器的主要零件出现产品质量问题的，车主可以选择免费更换发动机、变速器；如出现转向系统失效、制动系统失效、车身开裂或燃油泄漏，车主可选择免费更换产品或退货。车辆的易损耗零部件在其质量保证期内出现产品质量问题的，车主可以要求免费更换。

●在家用汽车产品三包有效期内，发生下列情况之一，消费者有权选择更换或退货：①因严重安全性能故障累计修理了 2 次，仍未排除或者又出现新的严重安全性能故障的。②发动机、变速器累计更换 2 次后，或者发动机、变速器的同一主要零件因其质量问题，累计更换 2 次后，仍不能正常使用的。③转向系统、制动系统、悬架系统、前 / 后桥、车身的同一主要零件因其质量问题，累计更换 2 次后，仍不能正常使用的。另外，在三包有效期内，如汽车修理时间累计超过 35 天，或者同一个产品质量问题引发的修理累计超过 5 次，消费者可以要求换车。

●新车出现产品自身缺陷或质量问题，车主应尽快与经销商或生产厂家联系。经销商拒不承担或不按要求承担法定责任，可向工商部门维权机构（电话 12315）或中国汽车质量平台网进行投诉维权。当然，如这些问题属人为因素导致的，有关费用需要自理。

小知识： 三包有效期限不低于 2 年或者行驶里程 50000 公里，以先到者为准。计算之日自销售商开具购车发票之日起。

12 怎样做好家庭小汽车的美容装饰？

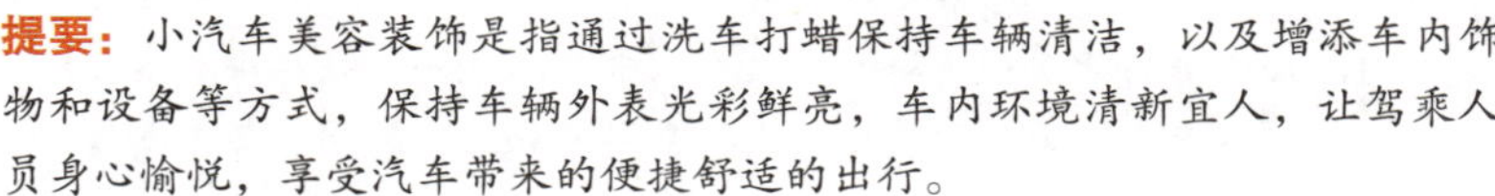

提要：小汽车美容装饰是指通过洗车打蜡保持车辆清洁，以及增添车内饰物和设备等方式，保持车辆外表光彩鲜亮，车内环境清新宜人，让驾乘人员身心愉悦，享受汽车带来的便捷舒适的出行。

●车身清洗是最基本的美容保洁措施。洗车作业一般不要在烈日下进行，宜选择通风、有遮荫处操作。洗车时，要保持车内干爽，注意不宜用碱性清洗液冲洗车身及底盘。

●车身打蜡可起到表层漆膜防老化作用。打蜡方式要以直线，横竖线交替进行，达到车漆表面产生同心圆状光环的效果。车蜡要根据车身颜色选择。车身上蜡后，在蜡油尚未完全干燥挥发时擦净。

●汽车玻璃防曝膜分多种档次，国产普通膜与进口优质膜价差至少在 3 倍以上。建议一般家庭用车，宜选择价格居中、有隔热防曝性能和从车外不易看到车内情况的单透膜。

●汽车音响能缓解驾乘人员的疲劳，增加驾乘者的乐趣，宜根据车辆档次及个人消费能力，选配性能稍好的音响设备。汽车饰品能反映车主的情趣爱好，营造温馨的车内环境，但注意饰品不要过多过乱。

●座椅装饰以舒适和美观为主，按个人喜好选，季节不同选择不同面料、款式的座套。如原厂座椅有安全气囊的则不必另外安装座椅套。原厂提供的地垫有较好的防水、防尘功能，最好不要撤除，可在其上加一层地垫。

特别提示：汽车座套、抱靠枕及坐垫应定期清洗，以免滋生细菌和螨虫。如车主拟增加内饰设施需改动车内原有线路布局，不要自己操作，宜请专业机构设计实施。

13 随车需要携带哪些物品？

提要：根据有关法律规定，驾驶车辆上路必须随车配备清晰完整的号牌；按规定粘贴检验合格标志、保险标志；随车携带驾驶证和机动车行驶证。此外，从安全、应急需要出发，还要随车携带一些物品，做到有备无患，以应不时之需。

●随车配备的物品，必须保持完好状态，随车携带：①备胎，用于行车途中应急换用。②随车工具，包括装卸轮胎用的扳手和千斤顶等。

●应随车携带与安全相关的物品：①三角警告标志牌，其作用是一旦发生故障或事故时，将其按规定距离放置在车后方，警示后方来车。②灭火器，一旦发生轻微火情可以自己灭火。③安全锤，出现车辆落水、交通事故等情况打不开车门时，用以敲碎车窗玻璃逃生。

●长途旅行或到野外、山区等复杂道路条件的地方，应自带胎压表、手电筒、拖车带、蓄电池搭接线、补胎工具、应急灯、指南针、三角警示牌，汽车救援卡以及急救包和应急药品，以备急用。冰雪天气驾车出行还需携带防滑链、三角木、绳索、铁锹、废旧纸箱等防滑物品和必要的防寒用品。

特别提示：建议随车携带《机动车交通事故快速处理协议书》。在发生轻微交通事故，且双方又认同责任时，如随车备有该空白协议书，可在现场填写相关情况，共同签署意见，较快完成事故处理，快速撤离现场 。该协议书可在公安交警部门服务窗口、各保险公司营业网点、加油站等地免费领取。

14 我国道路通行原则是什么？

摘要：根据《中华人民共和国道路交通安全法》规定，我国道路通行有四大原则，即：右侧通行原则，分道行驶原则，优先权原则和确保安全、畅通原则。

●右侧通行原则。我国机动车、非机动车实行右侧通行的基本原则。

●分道行驶原则。要求机动车、非机动车、行人必须按道路的划分，在法定的道路上通行。没有划分机动车道、非机动车道和人行道的，机动车在道路中间通行，非机动车和行人在道路两侧通行。

●优先权原则。包括流向优先和交通物体优先。流向优先指直行车辆优先于转弯车辆；干道上行驶的车辆优先于支路上行驶的车辆；车辆行至无交通信号控制的交叉路口时，只有在右边无车辆驶入路口时才可通过。交通物体优先是指有火车和有轨电车行驶时，优先于其他一切交通物体；一切车辆在道内通行时，优先于行人；军警、消防、救护、工程抢险等紧急车辆优先于其他车辆；在人行横道内行走的行人优先于车辆。

●确保安全、畅通原则。车辆、行人应当按照交通信号通行；遇有交通警察现场指挥时，应当按照交通警察的指挥通行；在没有交通信号的道路上，应当在确保安全、畅通的原则下通行。

小知识：在国际上，大部分国家包括美国、俄罗斯等实行的是右侧通行的制度。但也有英国、日本以及一些国家和地区实行左侧通行的制度。我国包括台湾地区实行的是右侧通行制度，香港和澳门特别行政区实行左侧通行的制度。

15 道路交通信号有哪些主要规定？

提要：道路交通信号是指在道路上约束车辆、行人交通行为的特殊信号。全国实行统一的道路交通信号，包括交通信号灯、交通标志、交通标线和交通警察的指挥4类，由其共同组成对道路交通控制和管理的完整体系。

●交通信号灯：分机动车信号灯、非机动车信号灯、人行横道信号灯、车道信号灯、方向指示信号灯、闪光警告信号灯、道路与铁路平面交叉道口信号灯等种类，均由红灯、绿灯、黄灯组成。红灯表示禁止通行，绿灯表示准许通行，黄灯表示警示。主要应用在交通量较大、交通流冲突较多和复杂的交叉口与岔道口，以及某些道路路段上对交通流实施方向控制的地方。

●交通标志：是用图形符号和文字，向驾驶人及行人传递法定信息，用以管制、警告及引导交通的安全设施。交通标志分主标志和辅助标志两大类，其中主标志包括指示标志、警告标志、禁令标志、指路标志、旅游区标志、道路施工安全标志等；辅助标志分为表示时间、车辆类型、区域或表示警告、禁令理由及组合辅助标志。

●交通标线：是由标划于路面的各种线条、箭头、文字、立面标记或突起路标和路边线轮廓标组成的安全引导设施，分为：指示标线、警告标线、禁止标线。

●交通警察指挥：为了弥补交通信号灯、交通标志、交通标线等的不足，由交通警察在道路交叉口、车辆较多处、易出事故处等地，根据当时当地的交通情况灵活地协调、处理、指挥。

小知识：交通警察现场指挥交通使用的手势具有规范、通用性，包括：停止信号、直行信号、左转弯信号、左转弯待转信号、右转弯信号、变道信号、减速慢行信号、示意车辆靠边停车信号等。驾驶人应熟记这些指挥手势。

16 驾车通过交叉路口应遵守哪些规定？

提要： 驾车通过有交通信号控制的交叉路口，应按照交通信号灯、交通标志、交通标线的规定或者交通警察的指挥通过。通过无交通信号控制的交叉路口，应减速慢行，让行人和优先通行的车辆先行。

●驾驶车辆拟通过交叉路口，应在距路口 100 米至 30 米处减速慢行，需转弯的车辆应同时开启转向灯，夜间须将远光灯改为近光灯。

●驾车通过有交通信号或者交通警察指挥的交叉路口，应当按照交通信号规定或者在交警指挥下通行。通过有导向车道的路口，按所需行进方向驶入导向车道。遇放行信号，依次通过；遇停止信号，依次停在停止线以外；没有停止线的，停在路口以外。在路口左转弯时，应靠路口中心点左侧转弯；向右转弯时，遇有同车道前车正在等候放行信号时，应依次停车等候。

●驾车通过无交通信号或者交通警察指挥的交叉路口，应遵循让优先通行的一方先行原则。即：①让已在路口内的车辆先行。②对向转弯时，左转车应让右转车先行。③遇人行横道时，应避让通过的行人和非机动车。④让右侧无来车的车先行。⑤通过无信号控制的路口，应主动减速或停车瞭望，注意避让来往行人，确认安全后方可通行。

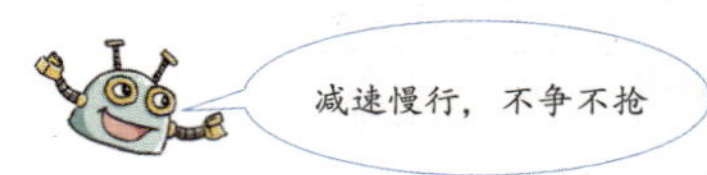

驾驶心得： 机动车在设有交通信号灯控制的交叉路口和路段上闯红灯是较为严重的交通违法行为，极易造成严重的交通事故，而且一旦被路口电子监控抓拍，将记 6 分，罚 100 元。如果已经越过停止线，应就地停车，切不可倒车。如果倒车，不仅容易与后车或行人发生碰撞，且因车辆位移，将被电子监控记录在案。

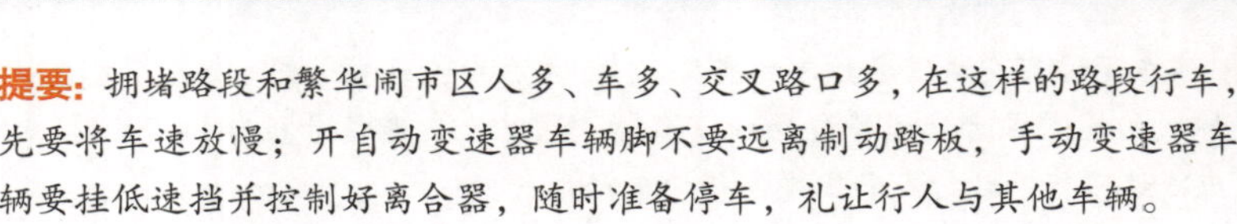

17 通过拥堵路段和闹市区应遵守哪些规定?

提要: 拥堵路段和繁华闹市区人多、车多、交叉路口多，在这样的路段行车，先要将车速放慢；开自动变速器车辆脚不要远离制动踏板，手动变速器车辆要挂低速挡并控制好离合器，随时准备停车，礼让行人与其他车辆。

●驾车遇有前方车辆停车排队等候或者缓慢行驶时，应当依次排队，不得借道超车或者占用对向车道；不得穿插或者超越等候的车辆；不得在人行横道、网状线区域内停车等候。

●驾车在车道减少的路段路口且没有交通信号灯、标志、标线以及交通警察指挥的交叉路口，遇到停车排队等候或缓慢行驶时，应每车道一辆车依次交替通行，不得强行争道、插队。

●驾车遇有前方交叉路口交通阻塞时，应当依次停在路口以外等候，不得进入路口。在城市快速路，遇有前方车辆停车排队等候或者缓慢行驶时，不得占用应急车道行驶。

●在闹市区行车，跟车距离既不要太近，以防与前车追尾；也不要太远，以提高路面通行效率。还要注意尽量不跟在公共汽车和出租汽车后面，因为这些车行停随意，容易发生意外。如跟在大型车后面，不要盲目跟从，可向左或向右摆出车身，以便看清前方交通信号。车辆堵在上坡路上时，要与前车保持一定距离，防止前车起步时后溜发生事故。

教练支招: 在拥堵路段行车要有耐心和经验，根据前车与自驾车的车速，把握三个原则：控制车速，巧用轻踩制动踏板；牢记“宁停三分，不抢一秒”；专心驾驶。

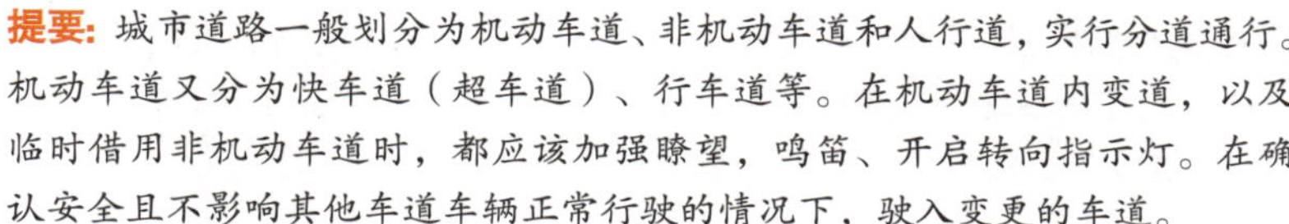

18 进入不同的车道行驶应遵守哪些规定?

提要：城市道路一般划分为机动车道、非机动车道和人行道，实行分道通行。机动车道又分为快车道（超车道）、行车道等。在机动车道内变道，以及临时借用非机动车道时，都应该加强瞭望，鸣笛、开启转向指示灯。在确认安全且不影响其他车道车辆正常行驶的情况下，驶入变更的车道。

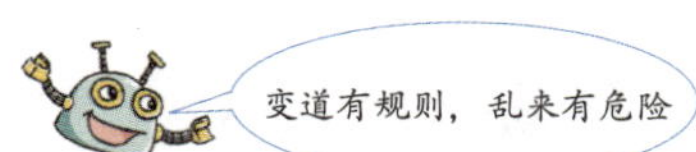

●在划分机动车道和非机动车道的道路上，机动车在机动车道上行驶。轻便摩托车在机动车道内靠右行驶；非机动车、残疾人专用车在非机动车道上行驶。在没有划分中心线、机动车道与非机动车道的道路上，机动车在中间行驶，非机动车靠右侧行驶。

●在划分小型机动车道和大型机动车道的道路上，小客车在小型机动车道行驶，其他机动车在大型机动车道行驶。大型机动车道的车辆，在不妨碍小型机动车道的车辆正常行驶下，可以借道超车。小型机动车道的车辆低速行驶或遇车超越时，须改在大型机动车道行驶。在道路上标明超车道的，机动车超车时可驶入超车道，超车后须驶回原车道。

●机动车原则上不能进入非机动车道。特殊情况下，进入非机动车道，时速不得超过30公里/小时，且须注意避让非机动车。非机动车因受阻不能正常行驶时，准许非机动车在受阻路段内驶入机动车道，在机动车道右侧边缘线（不含路肩）算起1.5米范围内行驶。后面驶来的机动车应减速让行。

法律规定：在同方向划有2条以上机动车道的道路上，变更车道时，不得影响相关车道内机动车的正常行驶。在有交通标志标明行驶速度的路段驾车，按照标明的行驶速度行驶。在慢速车道行驶的车辆需超越前车时，可以借用快速车道。

19 高速公路行车应遵守哪些特别规定？

提要：在高速公路上，车辆行驶速度快，一旦发生交通事故，其破坏性和损失远远大于普通公路。国家对高速公路交通管理制定的有关法律规定，是每位行驶在高速公路的驾驶人必须遵守的准则。

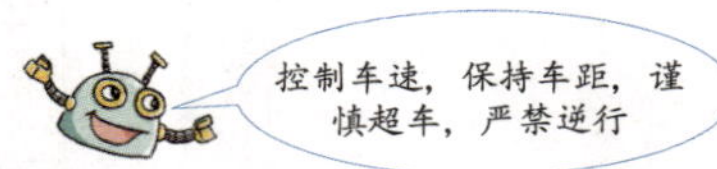

●安全进出高速公路。驾车从匝道驶入高速公路，应当开启左转向灯，在不妨碍高速公路其他车辆正常行驶的情况下驶入行车道，切忌强行进入，更不得直接驶入超车道。驶离高速公路时，应当开启右转向灯，驶入减速车道，降低车速后，循着诱导标线进入匝道。

●严禁逆行。驾驶人如果因疏忽驶过高速公路出口，应继续向前行驶，寻找下一个出口或立交桥驶出或掉头。不得紧急制动、停车或沿路肩倒车退到出口处，更不得借行车道掉头或逆行。

●合理超车。高速公路超车，应提前开启左转向灯，夜间还须变换使用远、近光灯，提醒前车要超车。确认即将进入的车道无其他车辆干扰，有足够的超车空间，再驶入。超车时只允许使用相邻的车道；超车后，应当及时驶回行车道。

●应急停车。车辆发生故障需要停车排除时，应开启右转向灯，缓慢驶入临时停车港湾或紧急停车带停车，开启危险报警闪光灯，在距故障车来车方向 150 米处设置警告标志，扩大示警距离。要将车上人员转移至波形护栏外较安全的地方，并向施救单位求助。如车辆停路中间且难以移动，除采取上述措施外，还要迅速报警，请求交警迅速赶往现场处置。

法律规定：行人、非机动车、拖拉机、轮式专用机械车、铰接式客车、全挂拖斗车以及其他设计最高速度低于 70 公里 / 小时的机动车，不得进入高速公路。驾驶人在实习期内（初次拿证后 12 个月内）上高速公路行驶，需 3 年以上驾龄的驾驶人陪同。

20 车辆停放应遵守哪些规定？

提要： 停车应按要求在停车场或准许停放车辆的地点依次停放，不准在行车道、人行道和其他妨碍交通的地点任意停放。随意停车，很可能会收到交警或有关部门的罚单，甚至遭遇车轮被锁死或车辆被拖走等尴尬。

●路边临时停车应按顺行方向紧靠道路右侧停留，驾驶员不得离开车辆，上下人员或者装卸物品后应立即驶离，以免妨碍交通。车辆没有停稳前，不能打开车门和上下人；停稳后开车门时，应注意瞭望，先开一半门，确认安全后再将车门开至全开位置。夜间或遇风雨、雾天临时停车必须开启示廓灯和尾灯。

●在设有禁停标志、标线路段，在机动车、非机动车、人行道间设有隔离设施的路段，以及人行横道、施工地段、障碍物对面等处不准停车。交叉路口、铁道路口、弯路、宽度不足 4 米的窄路、桥梁、陡坡、隧道及距离上述地点 50 米以内的地段不得停车。

●公共汽车站、电车站、急救站、加油站、消防栓或消防队（站）门前及距离上述地点 30 米以内的路段，除使用上述设施的车辆外，其他车辆不准停车。

特别提示： 停车后，注意拉紧驻车制动器，检查车窗、天窗是否关闭。按下遥控锁后，应试着拉一下门把手，确认车门已锁死，以防信号干扰，造成假锁等现象。

二 道路交通行车规则

21 使用灯光、喇叭应遵守哪些规定？

提要： 车辆灯光和喇叭都是重要的安全设施，都有警示他人的作用。特别是灯光，具有照明、向其他车辆表明行驶意图的功效，夜间行车正确使用灯光尤为重要。按规定正确使用灯光、喇叭是安全行车的保证。

●驾车起步、向左转弯、向左变更车道、准备超车、驶离停车地点或者掉头时，应当提前开启左转向灯。驾车右侧道边停车、向右转弯、向右变更车道、超车完毕驶回原车道，应当提前开启右转向灯。通过急弯、坡路、拱桥、人行横道或者没有交通信号灯控制的路口时，应当交替使用远、近光灯示意。

●驾车在夜间没有路灯、照明不良或者遇有雾、雨、雪、沙尘、冰雹等低能见度情况下行驶时，应当开启前照灯、示廓灯和后尾灯；但同方向行驶的后车与前车近距离行驶时，不得使用远光灯。

●故障停车时灯光使用规定。车辆发生故障不能行驶时，应将故障车移至不妨碍交通的地点，并在车后设警告标志并开启危险报警闪光灯。夜间需同时开启示廓灯和尾灯。

●驾车驶近急弯、坡道顶端等影响安全视距的路段以及超车或者遇有紧急情况时，应当减速慢行，并鸣喇叭示意。机动车在非禁鸣区域或路段使用喇叭时，音量应控制在 105 分贝内；每次按喇叭不得超过半秒钟，连续按鸣不得超过三次；不准用喇叭代唤人。在禁止鸣喇叭的地段不得鸣喇叭。

驾驶心得： 驾车在高速公路上行驶，遇有雾、雨、雪、沙尘、冰雹等低能见度气象条件时，能见度小于 200 米，开启雾灯、近光灯、示廓灯；能见度小于 100 米，开启雾灯、近光灯、示廓灯和危险报警闪光灯。

22 在道路上行驶让行特种车辆有何规定？

提要：在道路上行驶，要注意识别执行任务的警车、救护车、消防车、工程救险车辆等特种车辆，遇到时应及时给特种车辆让行。遇道路养护、工程作业车、清扫车、洒水车时也要注意安全避让。

●按规定，警车、消防车、救护车、工程救险车执行紧急任务时，可以使用警报器、标志灯具，在确保安全的前提下，不受行驶路线、行驶方向、行驶速度和信号灯的限制，其他车辆和行人应当让行。非执行紧急任务时，不得使用警报器、标志灯具，不享有上述规定的道路优先通行权。

●道路养护车辆、工程作业车及道路养护及施工的专业车辆作业时，在不影响过往车辆通行的前提下，其行驶路线和方向不受交通标志、标线限制，过往车辆和人员应当注意避让。

●洒水车、清扫车等用于道路保洁的机动车辆，应当按照安全作业标准作业。在不影响其他车辆通行的情况下，可以不受车辆分道行驶的限制，但是不得逆向行驶。

特别提示：在高速公路或城市快速路上遇到前方堵车时，一定不要在应急车道内行驶。应急车道是在发生车祸有人员伤亡或者火灾等紧急情况时，给救援车辆留出来的应急通道。应急车道一旦被占用，会直接影响紧急情况的处置和救援。

23 如何取得机动车驾驶资格？

提要：由公安部门核发的机动车驾驶证，是证明持证人具有相应类型机动车驾驶资格的法定凭证。机动车驾驶证，须参加交警部门组织的考试合格后，依法取得。无证驾驶属违法行为，将受到拘留、罚款等处罚。

●驾考内容：机动车驾驶证考试分三大科目。科目一为理论考试，内容为道路交通安全法律法规、交通信号、通行规则等基础知识。科目二为场地考试，包括倒车入库、五个场地项目，即坡道定点停车、起步、侧方停车、曲线行驶、直角转弯。科目三有两部分内容：一是道路驾驶技能考试（俗称路考），包括上车准备、起步、直线行驶等16项，考试驾驶里程不少于3公里；二是安全文明驾驶常识考试。

●小汽车驾驶证考试合格标准为：科目一理论、科目三路考和安全文明驾驶常识考试成绩均达到90分以上。科目二考试成绩达到80分以上。驾证考试按科目一（理论考试）→科目二（场地考试）→科目三（路考）→科目三（安全文明驾驶常识考试）顺序进行，前一科（项）目考试不合格，须补考合格后，方能进入下一个科目考试。

●按照公安部下发的机动车汽车驾驶人培训考试改革意见，已开展自学直考试点工作。但由于驾驶证考试环节多，内容多，要求严，各科目考试需要预约，许多考试内容必须在专门的场地训练后，方可能顺利通过考试。尤其是道路驾驶训练，如没有专用的教练车辆，没有随车教练的指导，十分危险，也不合法。因此，选择正规驾校学习后再参加考试仍是学驾人员的首选。

教练支招：如何选择好的驾校，对学好驾驶技能并顺利通过考试十分关键。先要通过当地交通部门发布的驾校培训质量排名表进行比对，还可了解驾校考试一次通过率和口碑，并考虑学驾的方便性及价格等因素。在驾校学习遭遇欺诈，可向当地交通驾培管理部门投诉。

24 行车时应克服哪些常见违规行为？

提要：驾驶人养成良好的驾驶习惯，克服不良甚至严重违规的驾驶行为，并引导乘车人树立安全意识，是保证行车安全的前提，也是维护全社会良好交通秩序的基础。

●必须克服的不良驾驶习惯有：不按规定系用安全带；行车时拨打手机；向车外抛弃废物；不开转向灯随意变更车道；长时间紧靠或压路面中心线、虚线行驶；夜间会车开远光灯；在路口或交通拥堵路段“加塞”抢道；在禁止停车的路段随意停车，在禁止鸣喇叭的区域或路段鸣喇叭。

克服不良习惯，杜绝安全隐患

●必须杜绝有严重安全隐患的驾驶行为：超过限速标志标明的最高车速行驶；在有禁止掉头或禁止左转弯标志、标线的地点，以及铁道路口、人行横道、桥梁、急弯、陡坡、隧道，以及容易发生危险的路段，随意掉头；从前车右侧强行超车；下陡坡时，熄火或空挡滑行；连续驾车超过4个小时不休息；遇前方车辆停车排队等候或缓慢行驶时，借道或占用对向车道，穿插等候车辆等。

●驾驶人须引导乘车人树立安全意识：做到上车系好安全带；不携带易燃易爆物品上车；下车开门前注意瞭望，不猛然开门下车；在车未停稳时不得开门、下车；下车后务必随手关好车门；不要向车窗外抛洒弃物；行车时不要有影响驾驶人安全驾驶的行为。

法律规定：驾驶人行驶途中打手机，不系安全带，记2分；副驾驶不系安全带，记1分。城市道路中不按规定超车、逆向行驶的记3分。在高速公路或者城市快速路上违法占用应急车道行驶的，记6分。

25 哪些违法驾驶行为将面临重罚？

提要：2013年公安部发布实施的《机动车驾驶证申领和使用规定》（公安部139号令）明确了11种可能面临扣12分、吊销驾驶证甚至追究刑事责任处罚的规定，这是每位驾驶人不可逾越的红线。

●与家庭小汽车驾驶人有关的行为一次扣12分的条款有：驾驶与准驾车型不符的机动车的；饮酒后驾驶机动车的；造成交通事故后逃逸，尚不构成犯罪的；上道路行驶的机动车未悬挂机动车号牌的，或者故意遮挡、污损、不按规定安装机动车号牌的；驾驶机动车在高速公路上倒车、逆行、穿越中央分隔带掉头的；在高速公路、城市快速路驾驶小型汽车行驶超过规定时速50%以上的。

●交通肇事后逃逸，不仅有违伦理道德，还违反法律，其后果严重。按《道路交通安全法》的规定：当事人逃逸或者故意破坏、伪造现场、毁灭证据，使交通事故责任无法认定的，应当负全部责任。对造成交通事故后逃逸的驾驶人，公安交通管理部门将吊销其机动车驾驶证，且终生不得重新取得。交通肇事后逃逸，属法定的加重情节，如事故伤者因抢救不及时而死亡的可判7年以上有期徒刑。此外，肇事车辆逃逸，保险公司不再承担保险责任，车主要承担全部的赔偿费。

●饮酒驾驶一般机动车辆，罚款1000～2000元、记12分并暂扣驾照6个月；醉酒驾驶一般机动车辆，吊销驾照，5年内不得重新获取驾照，经过判决后处以拘役，并处罚金。

法律规定：《道路交通安全法》第九十九条规定："未取得机动车驾驶证、机动车驾驶证被吊销或者机动车驾驶证被暂扣期间驾驶机动车的处200元以上2000元以下罚款，可以并处15日以下拘留。"

26 影响驾驶行为的环境因素有哪些？

提要：驾车时，天气条件、道路条件、交通环境、车辆技术状况、行人及其他车辆动态等客观因素，都会对行车安全产生影响。了解掌握并适应各类行车环境，是安全行车的重要前提。

●天气条件的影响。不良的天气条件易导致道路行驶条件及环境变差、视线受限、路面附着系数变小等问题。尤其是恶劣气象条件下行车，控制难度增大，稍有疏忽，就可能导致交通事故的发生。

●道路条件的影响。道路的线形、设施和地形环境对行车安全有重大的影响。不良的道路条件，可能直接或间接引发道路交通事故。尤其是道路的缺陷，很容易干扰驾驶人的判断和操作，因错觉致使失误。

●行人和非机动车的影响。道路上通行的行人和非机动车的动态不定，各有差异，随意性大，方向多变，不确定因素较多，其违法行为和突然动作，往往会造成驾驶人误判，直接影响行车安全。

复杂环境开车要谨慎

●其他车辆的影响。道路上的动、静态车辆行为对行车影响较大，比如道路上停放的车辆、车辆突然故障、驾驶人突发性的违法操作等均存在危险因素。

驾驶心得：具有丰富的驾驶经验、熟练的驾驶技术、遵章守纪的驾驶行为以及始终保持良好的车辆技术状况，能最大限度化解那些可能诱发事故的不良环境因素影响，可以提高安全行车的水平。

27 驾驶人须具备哪些基本素质？

提要：要严格遵守交通法律、法规和规章；熟练掌握道路交通驾驶相关知识、技能和技巧；养成自觉遵守交通规则的良好习惯等，这些都是行车人谨慎驾驶、确保安全所应具有的必备素质。

●具备良好的身体素质和心理素质。身体健康，精力充沛，沉稳冷静，心理素质良好，能做到反应迅速，操作准确，以安全为准则。

●具有熟练的驾驶技能。掌握扎实的行车安全知识，拥有丰富的驾车操纵经验，预判能力就会增强，能较早地发现问题，及时处理好，防患于未然。掌握过硬的驾驶技能，就能做到路况判断正确，操作准确及时，往往可以化险为夷，转危为安。

●具备良好的道德修养。驾驶人要有正确的人生观和良好的思想素质，不断增强自我疏导能力，消除心理上的阴暗和逆反状态，增强包容心，形成高度的安全责任感，真正做到“车行万里，处处平安”。

●具有良好的自控力。驾驶人必须远离毒品。做到开车不饮酒，饮酒不开车。日常生活有规律，保证充分睡眠，确保行车时有良好的身体状况和心理状态。

驾驶心得：在日常行车中，一定要增强遵纪守法意识，强化文明行车和礼让驾驶的理念；克服陋习、杜绝违法；形成尊重他人、敬畏生命、遵循公共道德的良好驾驶素质。

28 驾驶时如何保持良好的心理状态？

提要： 文明安全行车与驾驶人的心理活动有着密切的联系。开车时只有保持积极的生理状态和良好心态，才能保证行车安全。保持冷静的心态去处理遇到的不顺心事，理智地对待他人的违法和无理，必须具备较高的境界。

●驾驶人因年龄、性别、身体状况、经验不同造成的个性心理特征会存在较大的差异。行车时要有效地控制自己的情绪、情感，适时把握自己，努力克服弱点，减少行为错误，最大限度地减少事故的发生。

●加强情绪心理和稳定性调节，消除紧张、急躁、侥幸、称雄等情绪，积极坦然地对待周围的人和事。注意保持心理平衡状态，避免过激的心理活动，规范驾驶行为。

●驾驶人良好的心理特征表现在：开车时头脑清醒，判断准确、反应迅速、操作敏捷、行动果断。开车过程要求驾驶人保持有自觉性、果断性、坚定性、自制性等基本意志品质，并具有一定的注意力转移、分配能力，始终以良好状态，聚精会神驾驶车辆。

驾驶心得： 注意休息好，并从事一些有益的休闲活动，消除精神上和体力上的疲劳，保证有效充足的睡眠，保持充沛的精神。驾车时如果精神紧张和情绪不振，可以选择安全地点停车，下车散步，做一些运动和深呼吸，以缓解紧张波动情绪，保证正常的驾驶。

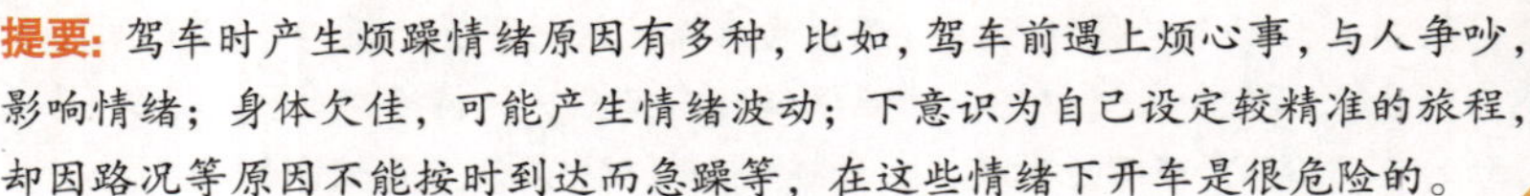

29 行车时如何克服烦躁情绪？

提要： 驾车时产生烦躁情绪原因有多种，比如，驾车前遇上烦心事，与人争吵，影响情绪；身体欠佳，可能产生情绪波动；下意识为自己设定较精准的旅程，却因路况等原因不能按时到达而急躁等，在这些情绪下开车是很危险的。

●情绪不稳时驾车，通常产生的症状有：情绪失控，开车骂人；一点堵车或碰擦就冲动，喜欢“顶牛”；故意拦阻其他车进入自己所在的车道，前车稍慢就不停的鸣喇叭或变换远、近光灯；容易产生攻击性驾驶心理，赌气开危险车，包括突然制动或加速、跟车距离过近等。这时，一定注意心理调节，保持平和心态。

●克服烦躁情绪的方法有：身体或心情不佳时，尽量避免驾车；出门前应早做准备，避免时间匆忙，准备不周而导致不安情绪；开车时莫与乘车人争吵，尤其一家人驾车出行时，更莫争吵，要多想开心事；保持车内适宜温度，打开车窗透透气；播放一些轻松愉快的音乐等，创造舒畅而轻松的驾驶氛围。

●当心情烦躁时，驾驶人要加强心理调节；学会情绪转移，注意保持心态的平衡；要经常提醒自己“我正在开车”、“保持冷静”、“悠着点，不着急”、“安全第一”；当情绪实在难以平静，可在路边停车休息一会或换人驾驶。

驾驶心得： 驾车时的焦躁心理，是一种很危险的心态，会引发频繁超车、加速或随意改变行驶路线等过急现象。在这种情况下，要冷静下来，克服烦躁情绪，保持平和心态，理智而谨慎驾驶车辆。

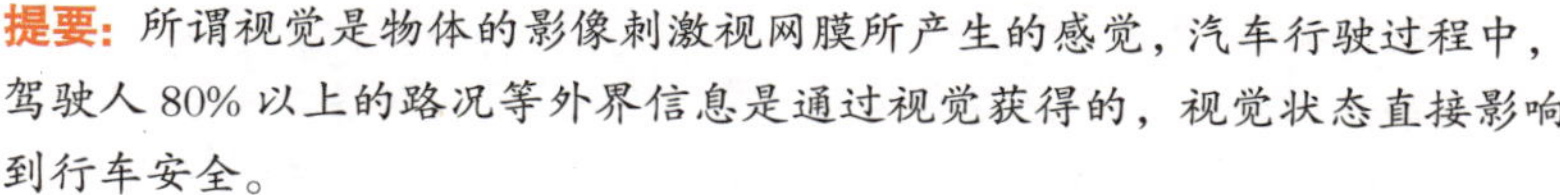

30 行车中要注意哪些影响视觉的因素?

提要： 所谓视觉是物体的影像刺激视网膜所产生的感觉，汽车行驶过程中，驾驶人 80% 以上的路况等外界信息是通过视觉获得的，视觉状态直接影响到行车安全。

●人在运动中观察事物的能力本身比静止时差。在行车过程中，驾驶人在视线内目标众多，在各个目标上停留的时间短，且变换迅速，容易忽视一些目标或产生误判。车速越快，这种倾向性越大。长时间在运动状态观察事物，会出现眼部肌肉松弛，眼球转动减少，眨眼频繁，甚至出现颤动、视像重影等视觉疲劳反应，导致眼睛捕捉信息的能力明显下降，严重影响到对周围交通状况的观察和正确判断，危及到行车安全。

速度越快，视野越窄

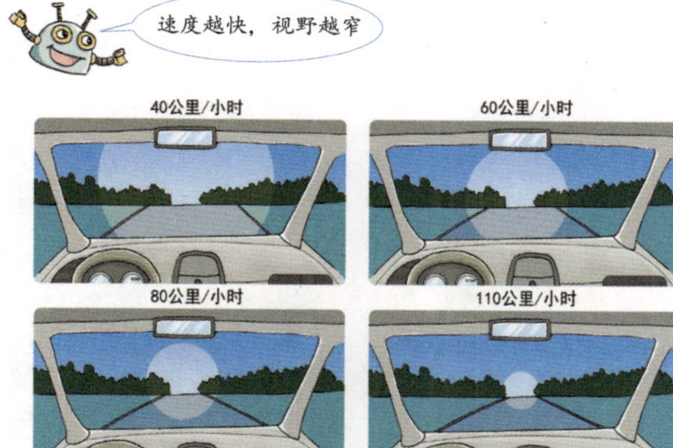

●驾车人的视野不仅受车窗限制，还会因车速不同发生变化。车速越快，视野越窄。车速越快，视野外注视不到的区域就越广，越看不到近处周围的情况，危险性越大。

●光线变化会影响人的观察。光线突然发生明暗变化时，眼睛有一个适应过程。如驾车进入隧道时，光线突然变暗，会出现短暂的视力下降，什么也看不清的情况；驶出隧道也会因突然变亮而短暂视力下降。因此，进出隧道等光线明显变化的路段，必须减速慢行，避免因视觉原因导致行车不稳定。

●黄昏和夜间时，眼睛的分辨能力会明显降低。黄昏时外界物体明暗对比度低，即便使用车灯，也会看不清楚。夜间行车视线远不如白天，灯光照不到的地方会存在很多盲区。

小知识： 视野是人眼睛固定地注视某一点或某一片区域时所能看见的空间范围。据测试，车速 40 公里 / 小时，视野范围可达 90°；车速 95 公里 / 小时，视野范围只有 40°，车速越快，视野范围越窄，近处情况变化就越容易被忽视。

31 行车时有哪些需要注意的视线盲区？

提要： 机动车行驶过程中，常会出现一些影响驾驶人视线的东西，人们称之为视线盲区。视线盲区可分为固定、人为和随机3种；驾驶人受车辆结构影响，还会产生其他盲区。这些视线盲区给车辆行驶带来了巨大的安全隐患，轻则发生事故，重则酿成车毁人亡的悲剧，务必严加防范。

视线盲区，存在危险

●固定视线盲区主要是指受公路线形以及路旁建筑物体影响形成，如急弯、陡坡和道旁房屋等。人为视线盲区是指驾驶员在行车过程中，由于受某些因素的影响，无法集中精力，从而形成了人为的视线盲区。随机视线盲区是指车辆在行驶过程中，由于道路通过情况复杂，有些不安全因素随时都会出现，如在通过村庄街道时有人突然从巷口窜出，车辆正在行驶有人从车头横穿道路等，随机视线盲区比前两种视线盲区危险性更大。

●车身四周的盲区。坐在驾驶室内的时候，因为车体的遮挡，车身四周都有看不到的地方。左侧的盲区最小，前方其次，右侧及后侧最大。在起步、倒车时要格外注意，应该提前在车外观察好。遇到儿童在这些区域玩耍，很可能在车内看不到。

●后视镜盲区。通过后视镜观察后方情况时，侧后方有看不到的区域，需要转头通过车窗观察，这个区域就是后视镜盲区。了解这个盲区，在变换车道时非常有用，一定要观察前方、后视镜，然后转头确认侧后方无车辆时再变道。如果盲区内有车时，变道非常容易发生事故。

驾驶心得： “鬼探头”事故是指一些车辆因体型较大，停在路边时会挡住行人和驾驶人视线，导致旁边车道驾驶人看不见行人，行人也无法及时观察道路上的交通状况。“鬼探头”事故主要出现在一些没有信号灯的路口、小区或单位并入主干道的出入口位置、公交车站等处。驾车时提防“鬼探头”事故的发生，应注意超车看车头、会车看车尾交通状况，保持安全车速，在驶过路口时，要提前减速。

32 超速驾驶有哪些危害？

提要：超速行车是导致道路交通事故的主要根源之一。“十次事故九次快”，这是血的教训！超速行驶，不仅会影响驾驶人感知能力，更会影响车辆的操控稳定性，从而加大紧急状况下的判断和处置难度，极易引发恶性交通事故。

●超速行驶，驾驶人视野变窄，对速度的感知和判断力降低，对路况的判断能力减弱；尤其在复杂路段、匝道、岔口，不能获取足够的道路交通信息，难以做出准确判断。长时间超速行驶会使驾驶人处于紧张和心理恐慌状态，体力消耗增加，一旦出现紧急状况，易出现反应迟缓及操作错误，酿成交通事故。

●超速行驶，驾驶人难以全面、准确感知车内外的变化，不能正确判断所驾车辆和其他机动车、非机动车及行人方位、速度等，对紧急情况反应和处理时间缩短，甚至接近或超过生理反应时间极限，加大了事故发生的可能性。

●超速行驶使超车、会车增多，变更车道频繁，交通交织点增加，容易形成冲突点，导致事故的概率增大。超速行驶还会导致气流对车辆干扰加大，车辆操作稳定性变差。高速状态下，车辆的惯性和离心力都会增大，增加了翻车的可能性，加大了冲击力，延长制动停车距离，发生交通事故时的危害性势必大增。

小知识：车速与车辆制动停车距离是呈几何级数增长关系。即车速提高一倍，制动距离可达到原来的4倍。速度越快，制动的非安全区也越大，发生事故的概率就越大。另外，超速行驶会加大车辆工作强度和负荷，加剧机件磨损和毁坏、轮胎老化和变形，影响车辆安全性能。

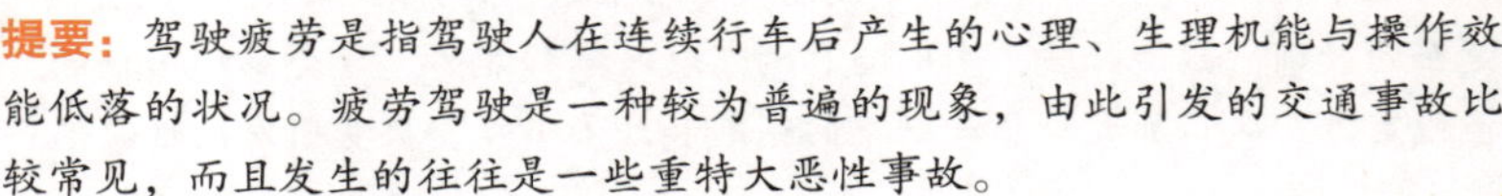

33 疲劳驾驶有哪些危害?

提要：驾驶疲劳是指驾驶人在连续行车后产生的心理、生理机能与操作效能低落的状况。疲劳驾驶是一种较为普遍的现象，由此引发的交通事故比较常见，而且发生的往往是一些重特大恶性事故。

疲劳驾驶，特别危险

●所谓驾驶疲劳，在生理上表现为全身乏力、酸痛，动作不协调、不准确，肌肉痉挛麻木等。在心理上表现为注意力不集中，思维迟钝，反应速度降低，尤其是情绪躁动、忧虑、倦怠等。

●驾驶人连续开车，由于不断地处理交通信息，脑氧气含量减少，中枢神经疲劳，感觉迟钝，注意力变得散漫，不愿再做麻烦的动作，省略规范的操作。在这种情况下，观察、判断和操作都容易造成差错，易导致事故的发生。

●疲劳后继续驾车，会感到困倦瞌睡、四肢乏力、注意力不集中、判断能力下降，出现精神恍惚或瞬间记忆消失、动作迟缓、操作停顿或者修正时间不当等问题，极易引发重大事故。

特别提示：驾驶过程中，如出现以下情况：①不能记得最后几公里的驾驶情况。②下意识的偏离行车道或车辆连续碾压振动带。③不能集中注意力驾驶，思绪散乱。④连续的打哈欠，上眼皮沉重、眼球发涩，不断点头等。此时，说明驾驶人已经进入疲劳驾驶状态，继续驾驶十分危险，必须停车休息。

34 酒后驾驶有哪些危害？

提要： 酒后驾驶是十分危险的。统计表明，酒后驾驶造成的道路交通事故多为重大事故，死亡率高，事故现场往往触目惊心，惨不忍睹。因此，国家将酒驾、醉驾给予刑罚，明确饮酒后驾车是一种违法行为，将受到法律严厉处罚。驾驶人一定要做到“喝酒不开车，开车不喝酒。”

●饮酒后会产生视觉障碍，视像模糊不稳，辨色能力下降，视野大大减小，不能及时注意交通信号灯的变化及标志、标线，对处于视野边缘的危险隐患更难以发现。

●饮酒后反应迟钝，判断能力和操作能力会降低，对光声刺激反应时间延长；或意识混乱，过高估计自己，不听劝告；或困倦驾车，注意力不集中，失去控制能力。这种状态驾车危险性极大。

●饮酒后感觉器官和运动器官的感触能力降低，眼、手、脚之间的配合功能发生障碍，往往手不随心，行动迟缓，无法准确控制加速和制动踏板及转向盘，导致操作失误，易引发事故。

●酒后驾驶处罚严厉。饮酒驾车，罚款 1000 元 ~ 2000 元，记 12 分并暂扣驾照 6 个月。醉酒驾车，由公安机关约束至酒醒，吊销驾驶证并 5 年内不得重新取得驾驶证，依法追究刑事责任。

小知识： 对酒后驾车的处罚划分两个档次：即饮酒驾车和醉酒驾车。饮酒驾车，指驾驶人血液中的酒精含量大于或者等于 20mg/100ml，小于 80mg/100ml 时的驾驶行为；醉酒驾车，指驾驶员血液中的酒精含量大于或者等于 80mg/100ml 时的驾驶行为。

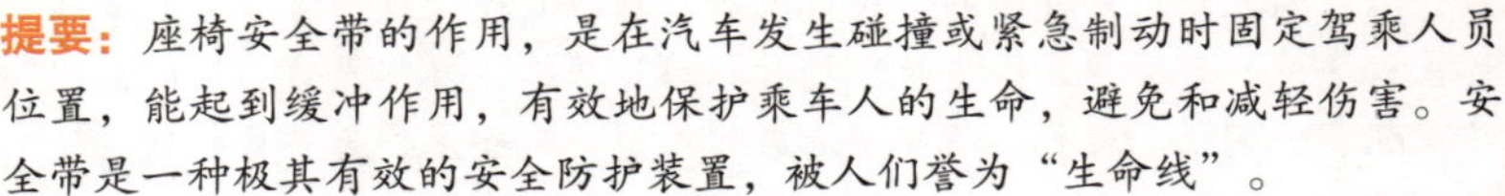

35 行车时为什么要系好安全带?

提要：座椅安全带的作用，是在汽车发生碰撞或紧急制动时固定驾乘人员位置，能起到缓冲作用，有效地保护乘车人的生命，避免和减轻伤害。安全带是一种极其有效的安全防护装置，被人们誉为“生命线”。

●汽车座椅安全带装有预收紧装置，在汽车发生碰撞或紧急制动时，预收紧装置会立即启动，安全带迅速收紧，将乘客拉紧到座椅上。可以防止身体与车内坚硬物体碰撞或被抛出车外，并缓冲和吸收大量的撞击能量，有效地保护车内人员生命，最大程度避免和减轻伤害，特别是避免发生车内二次碰撞伤害。

●安全带是保命带，不系安全带，遇车辆紧急制动或发生事故时，驾乘人员很容易撞击到车顶、前窗玻璃、转向盘、仪表盘等部位，导致伤亡。行车时如驾驶人和乘车人能全过程正确系好安全带，就能有效避免或减轻这些伤害，从而有效的保护自身安全。

●正确系好安全带能在事故中获得更多的生存机会。据统计分析，在事故中系好安全带的存活机会是不系安全带的 2 倍，同时可以将受伤的概率降低 50%。分析表明，如果系好安全带，发生正面碰撞时，死亡率可减少 57%；发生侧面碰撞时，死亡率可减少 44%；翻车或坠车时，死亡率可减少 80%。

特别提示：汽车安全带不仅在发生交通事故时能有效地减少人员伤亡，而且能确保正确的驾驶姿势和减轻驾驶员疲劳。同时，车内的安全气囊等保护设施只有在正确使用安全带的情况下才能发挥最佳作用。

36 携带儿童乘车应注意哪些事项？

提要： 儿童缺乏自控、自理能力和自我保护意识。携带儿童乘车要特别小心，不要让身高不足 1.5 米的小孩坐副驾驶座位；要及时制止小孩在车内嬉闹、做游戏、把头、手探出窗外或天窗等不安全的行为，时刻关注孩子的安全，防止意外发生。

●行车中不要让孩子坐在副驾驶位置。除小孩调皮好动，可能会影响驾驶员注意力外，当车辆紧急制动时，孩子容易撞向车前玻璃或仪表板，导致严重伤亡。前排的安全气囊对于成人是安全保障，但由于孩子坐姿较矮，一旦遇到危险，安全气囊突然打开时的位置往往是在孩子的头顶部位，安全气囊释放气体产生强大的冲击力可能会造成儿童颈椎骨折等伤亡。

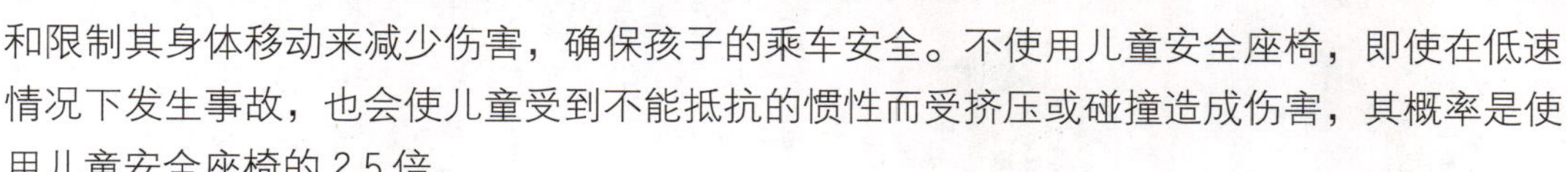

●12 岁以下儿童应使用儿童安全座椅。儿童安全座椅是专为儿童设计，能有效提高儿童乘车安全性。在汽车发生碰撞或突然减速的情况下，减缓对儿童的冲击力和限制其身体移动来减少伤害，确保孩子的乘车安全。不使用儿童安全座椅，即使在低速情况下发生事故，也会使儿童受到不能抵抗的惯性而受挤压或碰撞造成伤害，其概率是使用儿童安全座椅的 2.5 倍。

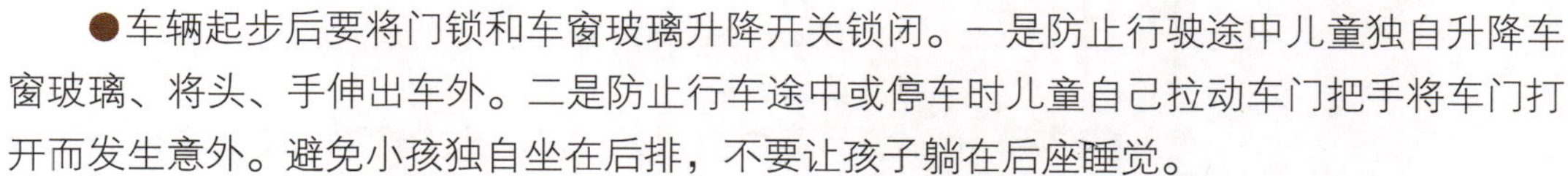

●车辆起步后要将门锁和车窗玻璃升降开关锁闭。一是防止行驶途中儿童独自升降车窗玻璃、将头、手伸出车外。二是防止行车途中或停车时儿童自己拉动车门把手将车门打开而发生意外。避免小孩独自坐在后排，不要让孩子躺在后座睡觉。

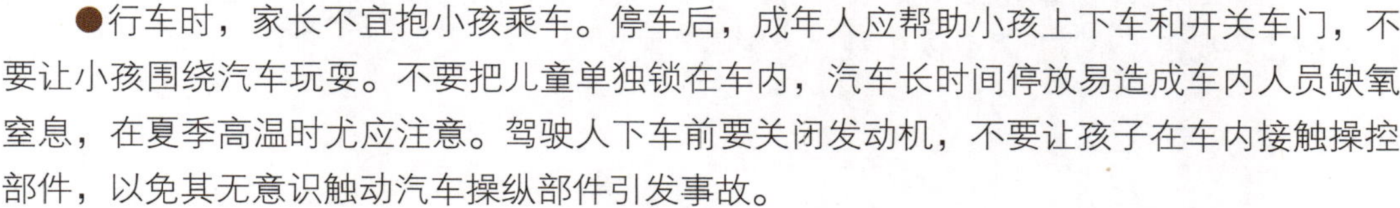

●行车时，家长不宜抱小孩乘车。停车后，成年人应帮助小孩上下车和开关车门，不要让小孩围绕汽车玩耍。不要把儿童单独锁在车内，汽车长时间停放易造成车内人员缺氧窒息，在夏季高温时尤应注意。驾驶人下车前要关闭发动机，不要让孩子在车内接触操控部件，以免其无意识触动汽车操纵部件引发事故。

特别提示：要注意培养儿童的良好乘车习惯。如教育儿童在乘车过程中，遵守社会公德，不要将垃圾或其他杂物扔到车外。要注意培养儿童安全乘车意识，不要在车内嬉笑打闹；不要随意接触车辆的操控部件；不要把手、头伸出车窗外等。

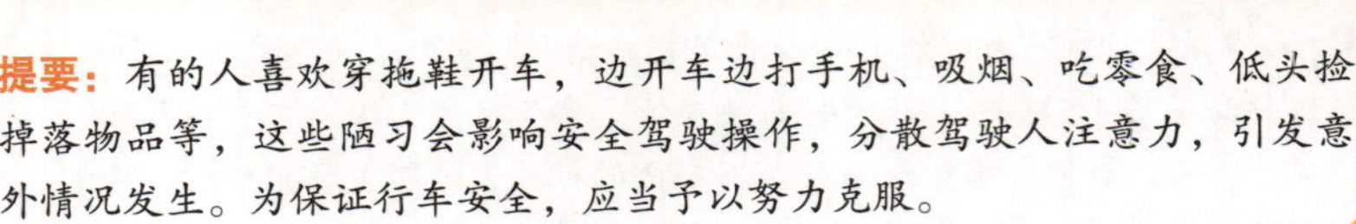

37 开车时要克服哪些影响安全的陋习？

提要：有的人喜欢穿拖鞋开车，边开车边打手机、吸烟、吃零食、低头捡掉落物品等，这些陋习会影响安全驾驶操作，分散驾驶人注意力，引发意外情况发生。为保证行车安全，应当予以努力克服。

●驾驶人开车时要注意克服有关陋习。如，光脚或穿拖鞋开车，会影响加速、制动操作的安全。驾车时吸烟、吃零食，接打手机、看短信、发微信，以及与同车人长时间聊天等，这些动作会分散驾驶人的注意力。尤其是边开车边低头捡掉落的物件、车门没关好就急于开车等陋习，均存在很大的危险性，稍有不慎，便会发生交通意外，甚至造成恶性事故。

●要拒绝以牺牲安全为代价的时尚。如一些女性穿高跟鞋开车，这会影响制动操作；不盘头，任由长发飘逸，会影响观察视线；利用等红灯间隙拿出化妆盒补妆，会分散注意力；为漂亮衣服不生褶皱不系安全带等，这些习惯对开车而言都是安全隐患。

●避免盲目装饰。有人喜欢用时尚的东西装饰自己的爱车，比如喜欢在车窗玻璃上贴花花绿绿东西或在前后侧窗范围内悬挂、放置妨碍驾驶人视线的物品。这样可能会挡住驾驶人透过车窗和后视镜观察车况和路况的视线，影响驾驶安全。

驾驶心得：注意合理调整座椅。有些驾驶人将座椅调得过于靠前，这会让手臂无法正常舒展、影响操作，而且发生意外时易被安全气囊张开时击伤。有些人将座椅位置调得太靠后，这会影响踩紧急制动踏板时的发力。有些人将座椅靠背调得过于倾斜，头部离靠枕太远，被追尾时易对颈部产生伤害。

38 行车时哪些行人须重点关注？

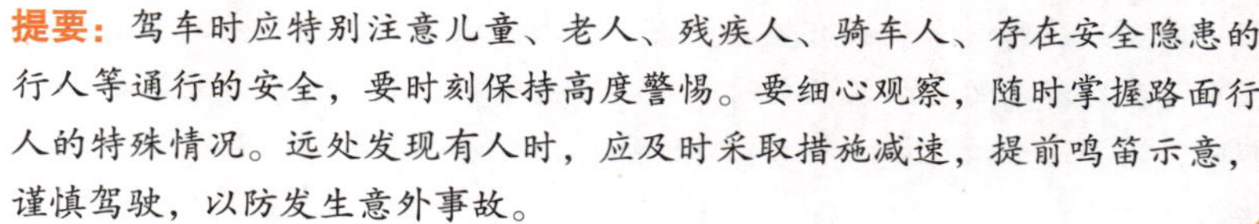

提要：驾车时应特别注意儿童、老人、残疾人、骑车人、存在安全隐患的行人等通行的安全，要时刻保持高度警惕。要细心观察，随时掌握路面行人的特殊情况。远处发现有人时，应及时采取措施减速，提前鸣笛示意，谨慎驾驶，以防发生意外事故。

●儿童天性活泼好动，安全意识缺乏，行车中发现儿童在路边玩耍时应特别注意，小心驾车通过，必要时停车避让。老年人、残疾人反应迟钝，行动迟缓，遇到这类人在道路上行走影响通行时，应适当降低车速，提前鸣喇叭，主动礼让，切不可冒险提前加速或从其身后绕过。遇老人或盲人横穿道路，应减速及停车让行，不要鸣喇叭催促。

●挑担或扛农具的行人，雨天撑伞或穿雨衣的行人、骑车人，这类人群在道路上行走时，受随身物品等的影响，对来往车辆感知不敏感。驾驶人应仔细观察他们的动态，提前鸣喇叭提示，降低车速，保持一定距离。

●道路上行走的拾荒者、流浪汉，智障者，这部分人虽是少数，但危险性最大，必须注意避让。高速公路两侧农村的村民和学生穿越高速公路情况时有发生，因车辆故障占道修车人员和公路养护人员也是危险人群，驾驶时务必留意避让。

特别提示：要高度关注涉及行人的交通标志、标线。遇到有“注意儿童安全”、“学校”等标志时，务必减速慢行。斑马线是行人的安全通道。无论何时，遇到交叉路口的斑马线，都要有减速慢行的意识和停车让行的思想准备，做到主动礼让。

39 小汽车装载需注意哪些安全事项？

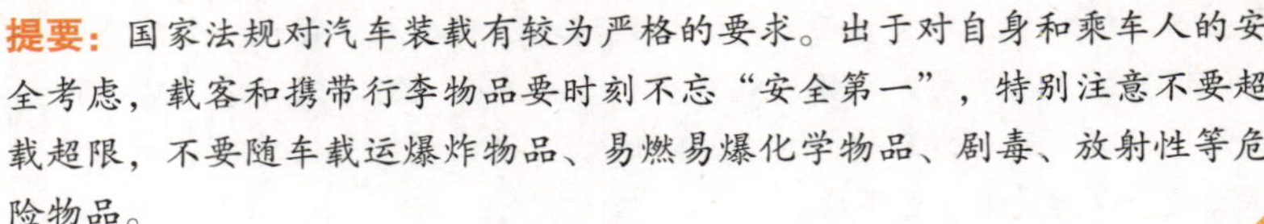

提要： 国家法规对汽车装载有较为严格的要求。出于对自身和乘车人的安全考虑，载客和携带行李物品要时刻不忘“安全第一”，特别注意不要超载超限，不要随车载运爆炸物品、易燃易爆化学物品、剧毒、放射性等危险物品。

●小汽车载人必须根据行驶证上的核定人数装载，不得超员载客。

●小汽车除行李舱、外部行李架和内置的行李箱外，不得载货。即便是在行李舱和车顶行李架载货，也要注意装载物品不能超限，即：行李架载货，从车顶起高度不得超过0.5米。同时，应该尽量装载平衡并系固好，避免因装载使车辆行驶稳定性和制动性能受到影响。要防止遗洒、飘散载运物。

●行李舱内如放置汽油桶、装载烟花爆竹等易燃易爆物品，在行驶过程中的颠簸、碰撞、暴晒等原因都有可能发生危险，因此禁止装载。如越野途中装载少量的必备汽油，必须小心驾驶，随时注意紧急情况发生，做好应急处置。携带食品，要注意不要与腐蚀及有毒物品放置在一起，避免交叉污染、造成食物中毒等不良后果。

法律规定： 驾驶人必须按其准驾车型驾驶车辆。如：持有C1、C2型驾照的驾驶人，只能驾驶9座以下的小型客车。驾驶9座以上客车属违法行为，将记12分，吊销驾驶证。

40 新驾驶人开车时应注意什么？

提要：新驾驶人开车一定要严格遵守道路交通安全法律法规，掌握驾车的基本知识和操作技能。开车前先要全面熟悉车辆的变速杆、灯光等操控件的手位。了解行车线路，包括主要行驶道路和方向，附近标志性建筑方位等，尽量走自己熟悉的路线，做到心中有谱，手脚操作不慌。

●开车时不仅要注意眼前交通状况，而且要将目光放远，留意路口交通信号及标志牌。需变道要早作准备，提前开启转向灯并用余光扫视后视镜及窗外情况，看准时机，稍提速变更车道。

●要集中精力，按规范操作。行车时，既要时刻注意与前车的距离和速度，也要通过后视镜观察后车的动态。过路口时要减速，走错路时，需要选择前方适当的路线折返；不能原地掉头、强行拐弯和倒车。

●驾车时应做到轻踩加速踏板、慢踩制动踏板、走直线、缓转向。遇到进错车道情况，切忌强行变道，应降低车速，开启转向灯，提示其他车辆，在确认安全的情况下变更车道。如行驶区域不允许变道，应沿原车道行进，到前方再作调整。

●如逆行进入单行线，应立即靠边并开启双闪警告灯，择机掉头。遇到行进中发动机熄火以及磕碰事故等意外情况不要惊慌，及时开启双闪警告灯，必要时在车后放置警示标志，提示其他车辆避让，避免事故发生。

法律规定：对驾驶人实行道路交通安全违法行为累积记分制度。记分周期为 12 个月。在一个记分周期内记分累计在 12 分以内的，缴纳罚款后，清除记录。未缴纳罚款的记分转入下一个记分周期。累计记分达到 12 分扣留驾驶证，经教育考试合格后发还驾驶证，不接受教育考试的停止使用驾驶证。

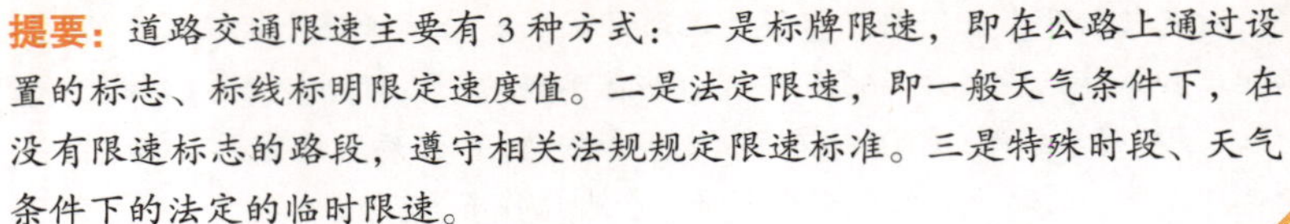

41 驾车要遵守哪些速度限制规定？

提要：道路交通限速主要有3种方式：一是标牌限速，即在公路上通过设置的标志、标线标明限定速度值。二是法定限速，即一般天气条件下，在没有限速标志的路段，遵守相关法规规定限速标准。三是特殊时段、天气条件下的法定的临时限速。

●车辆不得超过限速标志标明的最高时速行驶。在没有限速标志的路段，行驶速度不得超过法定限速标准。

●在没有限速标志、标线、且没有中心线的道路上行车，城市道路限速为30公里/小时，普通公路限速为40公里/小时。驾车在同方向只有1条机动车道的道路，城市道路限速为50公里/小时，普通公路为70公里/小时。

●驾车在普通公路进出非机动车道；通过铁路道口、急弯路、窄路、窄桥，掉头、转弯、下陡坡；遇能见度在50米以内的雾、雨、雪、沙尘、冰雹天气；在冰雪、泥泞道路上行驶；或者牵引发生故障的机动车时；在上述情况下行车，最高行驶速度不得超过30公里/小时。

●驾驶小型汽车在高速公路上行驶，一般情况下，最高车速不得超过120公里/小时，最低车速不得低于60公里/小时。

法律规定：严禁超速行车。驾驶一般机动车超过限定车速10%～20%，记3分；超过限定车速20%～50%，记6分；超过限定车速50%，记12分，吊销其机动车驾驶证。

42 如何防止疲劳驾驶？

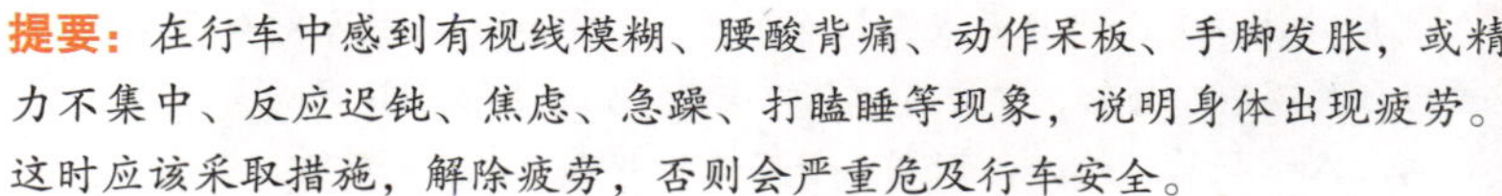

提要：在行车中感到有视线模糊、腰酸背痛、动作呆板、手脚发胀，或精力不集中、反应迟钝、焦虑、急躁、打瞌睡等现象，说明身体出现疲劳。这时应该采取措施，解除疲劳，否则会严重危及行车安全。

●长途行车之前要保证正常的夜间睡眠，确保有充沛的精力和良好的心态开车。驾车出行前，不要服用使人困倦的任何药物，身体不适要暂缓驾车出行。

●开车时尽量控制速度、减少超车、减少紧急制动等动作。连续驾车2 ~ 3小时，要主动停车休息15 ~ 20分钟再出发。尽量避开深夜驾驶，特别是非专业驾驶人，切忌夜间跑长途。

●行车时要保持车内空气通畅、温度和湿度适宜。在驾驶过程中如果开始感觉困乏，可以打开车窗通通风，在额头涂抹风油精，嚼嚼口香糖，与同车的乘员说说话等。

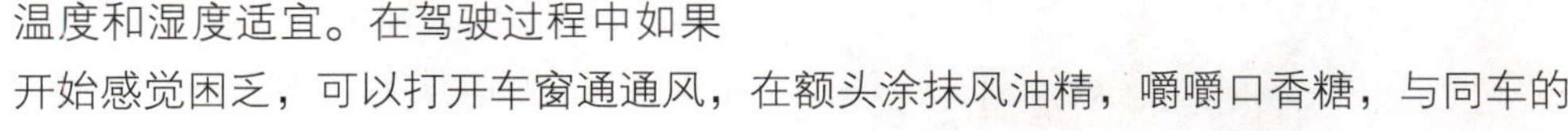

●长时间注视路面及标线，易产生视觉疲劳，此时眼睛应尽量向远处看，放不同风格的音乐，放松心静。在不影响安全的前提下，可以拉伸一下手指手臂、扭扭脖子。长时间开车还可将驾驶座位的前后位置及靠背角度作适当调整。

教练支招：行车过程中临时缓解疲劳的方法有：①及时将车停到安全地带休息或小睡，或进服务区、路边小店喝杯热咖啡或浓茶，吃点酸或辣的食物等。②下车活动肢体，做弯腰动作，深呼吸。③用矿泉水刺激面部或找冷水洗洗头。④用双手以适当力度拍打头部，掐自己大腿、耳垂等身体部位产生疼痛感。

43 如何保持安全车距？

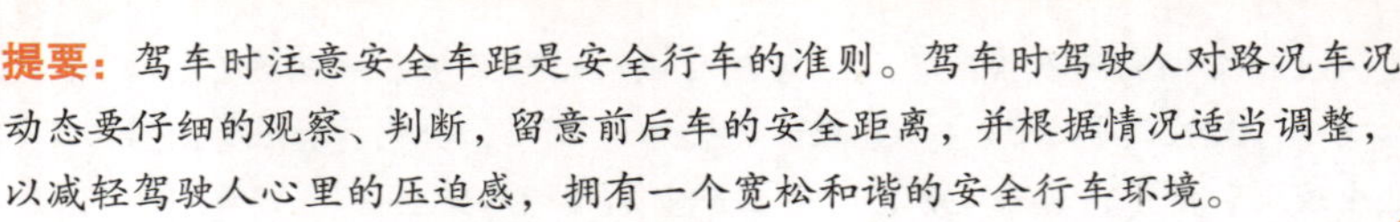

提要： 驾车时注意安全车距是安全行车的准则。驾车时驾驶人对路况车况动态要仔细的观察、判断，留意前后车的安全距离，并根据情况适当调整，以减轻驾驶人心里的压迫感，拥有一个宽松和谐的安全行车环境。

●驾车时必须注意控制与其他车辆的距离，留出足够空间，尽量进行预见性操作，以防被动局面发生。驾驶时要精力集中，保持高度警惕，注意安全，以良好的心态和文明礼让的风范，做到宁停 3 分，不抢 1 秒。

●新手开车，最好保持 4 秒的安全行车距离。即：驾驶人反应时间 1 秒，前车制动与本车制动前后时差 1 秒，处理紧急情况、突发意外情况 2 秒。如遇下雨天还要再加上 1 秒，冰雪路面再加长。按这种方法训练操作，可以保证驾驶人有足够的时间和空间来处理突发情况，防止意外。

●在高速公路上驾车，保持安全车距需要注意抬头远望，即向前看 15 ~ 30 秒以上的行车距离（按行车速度 60 公里 / 小时计，大约在 250 米 ~ 500 米），以争取时间和空间，提早发现和预判前面可能出现的突发情况，及时采取相应措施。特别是在天气不好、路况有变化时，更应该这样做。

小知识： 4 秒安全行车距离可这样确定：当前车经过较明显的标志或固定物体时，开始默数 1001、1002、1003、1004，数完这 4 个数字，本车也到达这个位置，此时，本车与前车之间的行车距离间隔不多就是 4 秒。按车速 60 公里 / 小时计，4 秒安全行车距离约 65 米左右。

44 如何做到安全跟车驾驶？

提要： 跟车驾驶时要集中精力，始终要与前车保持安全行车距离，随时注意前车动态；遇前车制动，应及时采取减速和制动措施，防止发生追尾。特别要注意前车转弯、会车、超车，以及道路出现行人、动物、骑非机动车等情况，随时观察，辨认危险，提前减速，预防事故。

●在城市道路跟车，不能只将注视点固定在前一辆车上，最好以前几辆车为目标，注意观察路面和前方道路的交通情况。前车速度改变时，要及时调整自己的车速；前车行驶路线变化时，要及时判断原因而进行调整。

●在上坡路段跟车，特别是在拥堵、车辆时走时停的情况下，一定要注意预留停车距离，以防前车上坡起步时，操作失误或动力不足熄火溜车等意外情况发生。夜晚或雾天在不熟悉的路段行驶，因能见度低跟车更要小心谨慎。

●遇前车绕行障碍物时，要根据障碍的情况确定跟车避让路线，应留出足够的安全距离，适当转动转向盘，大半径、长弧线跟车越过，避免在临近障碍物时急转转向盘超车或绕行。

●城市行车预防追尾可尝试做到“六不跟”：不跟空驶出租车；不跟大型货车、公交车；不跟“串车”（几辆跟得很紧的车）；不跟外地车；不跟故障车；不跟新驾驶人所驾汽车。

教练支招： 预防追尾四大诀窍：1. 错位行车。在车流中不一定整齐对准前车行进，左右错开一些，容易看到前车动态，提前做好应急准备。2. 保持合理车距。速度越高车距应越长，时速超过100公里/小时时，应与前车保持100米以上的安全车距。3. 及早使用轻踩制动踏板。这样既可以把车速降下来，也能有效提醒后车减速。4. 不乱变道，各行其道，减少发生交通事故危险的可能性。

45 如何做到安全超车？

提要：超车前要正确判断超车时机，注意观察道路交通状况，在对向车道没有会车可能，道路条件许可的情况下从被超车辆左侧加速超越。超车前要用喇叭或前照灯提醒被超车辆让道减速，在被超车辆让道后，再实施超车。

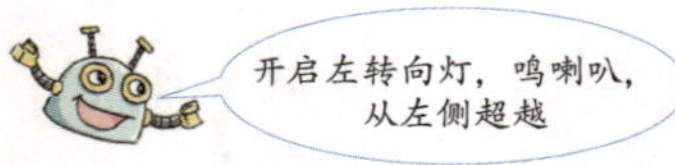

●超车前，应观察前车车速及对面方向是否有来车，判断和决定能否超车。在确保安全情况下，开启左转向灯、鸣喇叭示意。夜间应用前照灯的远近光交替变换示意，等前车有让路表示后，再行超越。超车时，要保持与被超车辆的侧向安全距离，在确认左侧交通情况正常后，果断提速从左侧超越，尽量缩短与被超车辆并行时间。超越后，应在确认与被超车辆保持必要的纵向安全距离后，开启右转向灯，在不影响被超车正常行驶的情况下，逐渐驶回原车道。

●通过隧道、铁路道口、交叉路口、窄桥、弯路、陡坡、人行横道、市区交通流量大的路段，不得超车。预计在超车过程中，可能与对向来车有会车时，应提前减速，主动放弃超车。无法与正常行驶的前车形成横向安全间距时，也应主动放弃超车。不得超越正在超车的车辆；被超车示意左转弯或掉头时，不得超车。

●发现后车发出超车信号后，若具备让车条件，应及时开启右转向灯，减速靠右让行，必要时辅以手势示意让超，不得故意不让路或让路不让速。遇后方车辆强行超车时，在没有留出足够纵向安全距离的情况下向右变道，要减速或靠右停车避让，千万不要开赌气车。

驾驶心得：要充分发挥转向灯、前照灯、喇叭的作用，表达让前车驾驶人了解本车想要超车的意愿，并要加强观察后视镜，了解车后的交通情况。确认前车驾驶人了解和配合后车超车意图，并在路况条件允许的情况下，才可超车。切记，当前车不让路时，千万不能强行超越，以免发生事故。

46

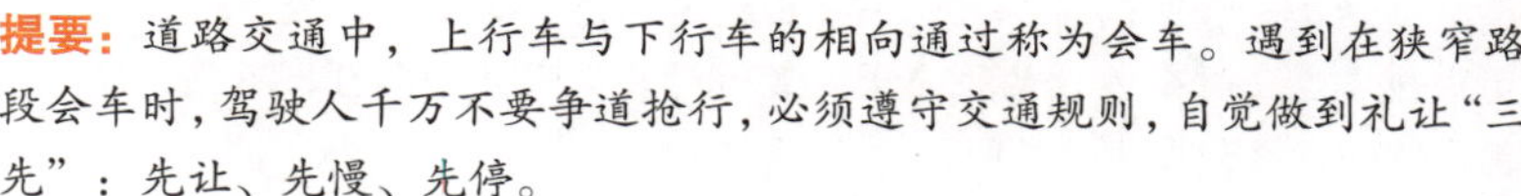

提要：道路交通中，上行车与下行车的相向通过称为会车。遇到在狭窄路段会车时，驾驶人千万不要争道抢行，必须遵守交通规则，自觉做到礼让“三先”：先让、先慢、先停。

●在没有中心隔离设施或者中心线的道路上会车，应减速靠右行驶，与对方车辆保持横向安全间距。会车前发现交会位置不理想时，应及时减速会车或停车让行。尽量避免在超越行人或非机动车辆时会车。

●尽量避免在窄桥、坡道、隧道、涵洞、急转弯处会车。确无法避开，应按以下规则会车，即：狭窄坡道，下坡车让上坡车先行；狭窄山路，让不靠山体一方的车辆先行；如遇仅容一辆车通过的路段，应让距离窄道近或车速快的一方先行；距离远、车速慢的一方应主动让行；必要时可将车辆倒入适合会车路段靠右停车让行，不可盲目抢行。

●会车时遇对方车辆加速超车，要正确判断横向安全间距，减速或停车让行。夜间会车应开启近光灯，加大两车横向间距，必要时停车避让。

●在有障碍物的地点会车，注意观察情况，避免在障碍物处会车。遇对向车临近障碍物，应及时停车让其先通行，会车后再超越障碍物，不得抢行。

教练支招：会车前要做到：一看，即看对向来车的车型、速度和装载情况、前方道路的宽度、路面状况及路旁行人、障碍物等。二算，通过观察和比较，估算出两车交会时大致位置、占路情形，以留出合适的横向安全间隔。三慢，即会车时要放慢车速，不能盲目会车，必要时先停车，以使两车顺利会车。

47 如何安全变更车道？

提要： 变更车道一般分两种情况：一是由快速车道变更到右侧慢车道；另一种是由慢车道变更到左侧的快车道。变道时应该慢转转向盘，不要突然变道，要留够变道和提速的时间。

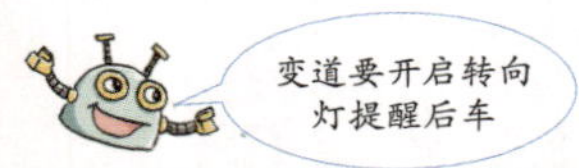

●在道路上行驶准备变道时，首先要观察分析道路交通流的状态，正确选择拟变更车道和变更时机。变更车道前，通过内、外后视镜观察侧后方交通情况，同时用眼睛余光观察车侧面车辆行驶情况，确认侧面无车，车速等于或高于相邻车道后方来车，并保持安全纵向距离后，开启转向灯，缓慢转向，逐渐变更到所需车道。一般情况下，用 50 ~ 60 米的距离完成变更车道操作。

●转弯变更车道时，应及早预见性操作，避免急转方向驶入相邻车道，防止与突然出现的车辆碰撞。在车流量大的路段尽量不要变更车道。确需变更时，应注意车辆侧后方或尾随车辆的动态，随时做好减速或驶回原车道的准备。如遇有其他车辆在超车时，不宜变更车道。

●车辆变更车道不得影响其他车辆、行人正常通行。变道时，要通过转向灯、喇叭给后车和行人明确变更车道的信号，不能犹犹豫豫，造成后车判断失误，酿成事故。遇前方道路有障碍、堵车、施工占道及自然灾害造成前方路段损坏需变更车道时，注意观察路上的标志或警示牌，按要求行驶。

驾驶心得： 车辆变道时应当遵守下列原则：①让所借车道内行驶的车辆或行人先行。②按顺序依次行驶，不得频繁变更机动车道。③不得一次连续变更二条以上机动车道。④从左右两侧车道向同一车道变更时，左侧车道的车辆让右侧车道的车辆先行。

48 如何安全倒车？

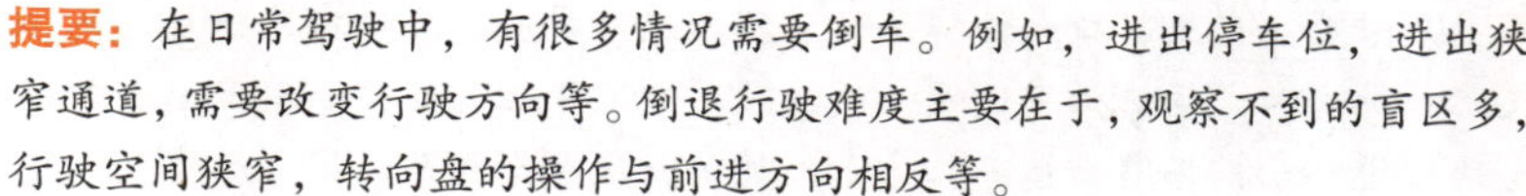

提要：在日常驾驶中，有很多情况需要倒车。例如，进出停车位，进出狭窄通道，需要改变行驶方向等。倒退行驶难度主要在于，观察不到的盲区多，行驶空间狭窄，转向盘的操作与前进方向相反等。

●倒车前，要做准备工作。仔细观察倒车线路，最好能下车绕行一周察看，了解车后盲区人员或障碍物情况，对可移动障碍物应予排除，预先想好倒车路线及预估车辆周围余量，确认安全后方能倒车。

●倒车中，要注意观察车外情况。可充分利用车内外后视镜、倒车雷达或者倒车影像装置进行观察。随时注意车身两侧和四个角的空间位置，特别要注意可能突然出现的人员和车辆。但也不能过分相信雷达及影像装置，可以转头直接向各方向观察，必要时再次下车察看。

●即使是道路条件较好，倒车时也要控制车速，若发现有过往车辆和人员通过，应主动减速或停车。在倒车中大角度转向时，尤其要注意车前外角部位，避免发生剐擦。

教练支招：无论是驾驶人坐在车内直接观察，还是利用车内、外后视镜、倒车雷达或者倒车影像装置进行观察，都存在盲区。如倒车位置不佳，下车观察十分必要。必须强调的是：不得在高速公路、铁路道口、交叉路口、单行路、桥梁、急弯、陡坡及隧道内倒车。

49 道路上如何安全掉头?

提要： 车辆应按交叉路口允许掉头交通标志进行掉头。在没有交通标志的交叉路口掉头时，须选择交通量小的交叉路口、平坦、宽广、路肩坚实的安全地段进行。根据路面情况，尽量大迂回一次顺车掉头；因道路宽度不够时，可采用顺车与倒车相结合的方式掉头。

●车辆掉头应选择交通流量小、不妨碍正常通行的车辆和行人的安全路段进行。路口掉头，要选择虚线处进行，在实线路段不得掉头。严禁在人行道、铁路道口、窄路、弯道、桥梁、隧道和有禁止掉头标志的路段掉头。

●车辆掉头前应注意观察，确认安全后方能操作。掉头过程中，一旦发现有车辆通过，要主动停车。掉头操作应缓慢进行，注意观察车辆两侧和后方情况。要注意车辆两侧的空间位置，随时做好停车准备，以免因转向角度过大而发生碰撞剐擦事故。

●车辆掉头的前进或后倒过程中，都要认真观察车后及两侧的交通情况并确认安全。还应注意周围来往车辆和行人的安全，充分考虑车辆的前后端距障碍物的距离。有条件时可请他人在车下指挥，以防发生意外。

驾驶心得： 掉头时，应发出左转向信号示意，确认安全后，方可进行。操作时应保持车速均匀缓慢，同时还须顾及前后车轮位置。防止车辆前后部碰撞剐擦障碍物。应掌握“慢行车、快转向、多前进、少后退”的方法。

50 小汽车如何注意避让大型货车？

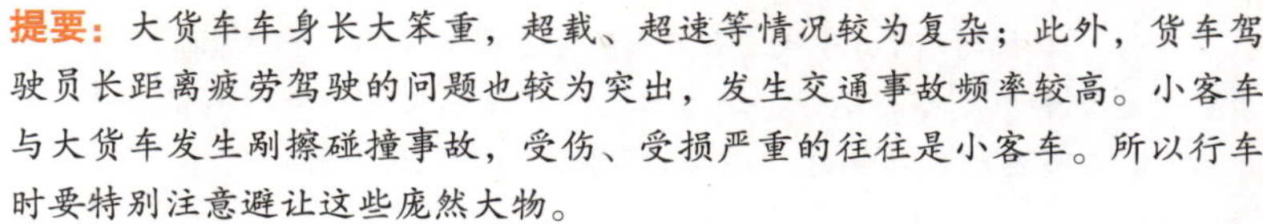

提要：大货车车身长大笨重，超载、超速等情况较为复杂；此外，货车驾驶员长距离疲劳驾驶的问题也较为突出，发生交通事故频率较高。小客车与大货车发生剐擦碰撞事故，受伤、受损严重的往往是小客车。所以行车时要特别注意避让这些庞然大物。

●货车速度远低于小车，发现前方有大型货车时，可保持一定距离迅速观察货车行车状况。包括货物码放捆扎是否整齐牢固、车辆是否超载、车身外部是否整洁、轮胎是否有异样，以及驾车线路是否存在蛇行等情况，以此判断大型货车行驶安全状态。

●对前方有行驶的大型货车，应设法快速超越。在路况、视线良好的情况下，如前方大型货车左侧留有足够的超车道，可开启左转向灯、鸣号、夜晚频闪前照灯远近光灯，快速踩下加速踏板，加速超过。超越大型货车时，尽量缩短与其并行的时间。

●必须尾随大型货车时，要保持足够的纵向安全车距；必须与大型货车并行时，要注意横向距离。要随时注意前方大型货车的制动灯，如果前面的大型货车制动后，后面的小汽车切不可借机超车，避免酿成追尾或其他严重事故。

●当后面有大型货车快速尾随，或不停鸣喇叭、变换远近光前照灯时，应尽早驶离大型货车所在车道，加速前进，拉开与其距离，以防大型货车出现失控的情况。

教练支招：大型货车车身长高大，侧面及后方视线不好、车辆操纵性不好，小汽车与之相比是弱势。所以路遇大型货车时，不要长时间与大型货车并行，也不要长时间尾随，切莫争风斗气．主动避让为上。

51 如何注意避让摩托车、非机动车?

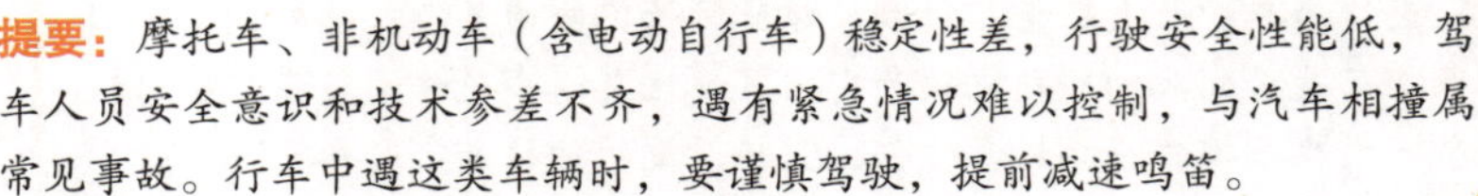

提要： 摩托车、非机动车（含电动自行车）稳定性差，行驶安全性能低，驾车人员安全意识和技术参差不齐，遇有紧急情况难以控制，与汽车相撞属常见事故。行车中遇这类车辆时，要谨慎驾驶，提前减速鸣笛。

●行车中，遇摩托车时，要注意判断其动向，确认安全后再超越。超越摩托车时要预留足够的横向间距。车辆交会时，要预防对向来车，后方可能有摩托车占道超车，应预留足够横向间距，尽量靠右侧行驶。遇摩托车占道行驶时，要减速、鸣喇叭提示，等其有明显靠右让道行驶动作时，再从左侧超越，切不可盲目向左避让绕行超越。

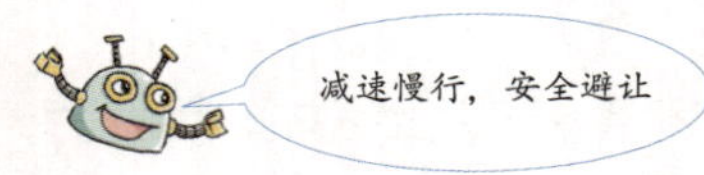

●自行车的稳定性差，骑车人随意性大。车辆临近骑车人时，易突发蛇行、转向避让甚至摔倒，很容易发生剐碰或碾压事故。因此行车中遇自行车影响通行时，可鸣喇叭提示、减速并保持较大横向安全距离通过。

●注意避让人力车和畜力车。行车中遇人力车，应减速慢行，留出安全间距。在下坡超越人力车后制动或停车时，要给人力车留出足够的安全距离。遇畜力车时，应避免鸣喇叭并提前减速。夜间行驶无路灯路段，应不断变换前照灯远近光，特别要注意发现和警示自行车、人力车，畜力车。

特别提示： 骑摩托车、非机动车的人行驶稳定性差，安全意识普遍淡薄。由于交通安全法规对其违规行为缺乏相应的约束，加之这些人普遍缺乏赔偿能力，一旦发生剐擦事故，往往只能由小车车主自己负担修车费用。一旦碰伤了对方，还可能要承担高额的医药等赔偿责任，因此，重点要避让这些交通参与者，以免发生意外。

52 行车途中如何安全停车？

提要：行车路上，经常会发生自身需要的临时停车以及交通问题的被迫停车等情况。行车途中的临时停车必须牢记“安全第一”，严格遵守交通规则，不得随意停放车辆。

●临时性停车，要选择允许临时停车道边顺行停放，尽量靠右侧将车停放入位。行车道内禁止停车，不可逆向停车，不能并排停放。停车时，应注意低矮障碍物，以防剐碰。在坡道上停车时，应选择好安全位置。停车后，拉紧驻车制动器操纵杆，将手动变速器挂入一挡或倒挡；在坡道上停车，还应视情用三角垫木或石块塞住车轮，以防滑溜。

●通常情况下，车辆勿停在昏暗偏僻处，以防被盗。雷雨天气，不要将车停在树下，以防雷击。不要将车停在屋檐或阳台下面等危险的地方。

●在高速公路上不得随意停车。发生故障等必须停车时，要提前观察是否有车辆紧随，控制好车速，开启右转向灯，将车停在紧急停车带内。尽量避免无危险报警灯亮提示下，在紧急停车带和行车道内直接停车。如不得不在高速公路停车时，要及时打开危险报警灯提示后方来车，并按规定在车后方设置警告标志牌，给后车预留足够时间与距离，以便采取避让措施。

●因道路堵塞而临时停车时，一定要预防追尾事故发生，前后车距尽量放大。如后车是大型重载货车或车辆停在下坡路面，更要警惕追尾，迅速将车上人员转移到紧急停车道或路外；待追尾危险消除后，方可组织人员上车待行。

法律规定：在高速公路上停车后，应立即打开危险报警闪光灯，按规定在车后方150米以外设置警告标志牌，夜间还必须同时开启示廓灯和尾灯，车上人员应迅速转移到护栏以外。必要时可向高速公路路政、交警部门求援或报警。

53 小汽车如何顺利入库？

提要：倒车入库是驾驶人在每次用车过程中需要经常面对的操作。作为新驾驶人，要尽快掌握并独立完成驾驶活动。倒车入库操作虽有一定的难度，但也有章可循。只要自己勤学苦练，大胆心细，掌握要领，很快就会熟练起来。

倒车入库要勤学苦练

●当车辆与车位垂直时（以倒车进入右侧库位为例），首先将车停在车位线外1.5米左右的地方，驾车人的位置正处于空车位侧隔一个车位的中间。然后向右把转向盘转到极限位置，开始倒车。当车身与车位基本平行时，回正转向盘，倒入车位即可。若入库角度不够，可回正转向盘，将车前移，再向右转动转向盘，进行调整，到车身、车位基本平行后，再回正转向盘倒入车位。

●当车辆与车位平行时，将车停在与前车平行且自驾车的后视镜与旁边车辆的B柱对齐位置，两车间隔约1米；然后，向右侧把转向盘转到极限位置开始倒车；当车身与车位成45°角（或车身进入车位一半）时反方向转动转向盘到极限位置后继续倒车；当车停正后回正转向盘即可。

●倒车入库是常用的驾驶操作。如果是新驾驶人，独立上路行车前，最好反复练习倒车入库技术，务必达到熟练程度。要学会合理运用后视镜及倒车雷达影像等辅助装置帮助倒车。新驾驶人不要过于羡慕老驾驶员一次倒车入库的潇洒，能否一次倒车入库并不重要，只要能安全停好车，不剐蹭、不影响到别的车进出就是最好的停车。

教练支招：在不熟悉的车位停车，建议先下车观察，了解周围大的障碍物和沟坑，并留意地面凹凸和附着物等情况，做到心中有数。同时，倒车时车速切记要缓慢，以防突发情况。停放时与旁边的车辆应保持一致方向，以避免出入库车辆剐碰事故。

54 如何准确判断车距？

提要： 新驾驶人或技术还不太熟练的驾驶人，一般对所驾车身的空间位置感觉并不准确，致使在判断前后车距离、车身与边线或障碍物的距离时易出现偏差而造成误判，甚至引发交通事故。实践证明，充分利用后视镜等参照物，能较快提升驾车人对车距的判断力。

●车内后视镜中车影大小与车距有一定的比例关系，当车辆占满整个后视镜时，与后车距离只有大约3～5米。后车占后视镜的1/2时，与后车距离大约7～10米。当后车占后视镜1/3时，与后车距离大约在10米以上距离。

找准参照物，精确判断车距

看到前车后轮胎，距前车约3米

●从本车前部轮廓线所能看到的前车后保险杠、轮胎等位置可以判断与前车距离：①如看见前车后保险杠上沿时，车距约1米。②看见前车后保险杠下沿时，车距约2米。③看见前车后轮胎下沿时，车距约3米以上。把握以上距离关系，能帮助身处堵车时的准确跟车距离，既能防止跟车太近造成追尾，又可提高道路通行效率。

看到前车后保险杠，距前车约2米

●为避免左轮胎压到路面中心实线，要了解左轮胎从什么地方压过。在驾驶位置观察，当视线通过左侧刮水器突起的结点与路面中心线重合时，说明左轮正压在路面中心线上；正常行驶的车辆离中心线60厘米比较安全。而当驾驶人视线通过仪表台和A柱的交角，观察到与路面中心线重合时，则左侧车身正好离中心线60厘米。

●利用车上右侧刮水器作参照物，准确判断车右侧与边线的距离。当视线通过右刮水器结点和目标相交时，轮胎会从该目标上压过。当刮水器的喷水点和目标相交时，车身与路边的距离还有60厘米。当视线对准右侧刮水器结点和路边重合，且将转向盘稍向左转，就可以达到离路边10厘米靠边停车的绝佳效果。

驾驶心得： 好的驾驶人对车身的各部分的感觉，就如同大脑对自己身体感觉一样。在精准判断车距的问题上，要有意识地训练，如有意识地停在1辆车后面，观察距离1米、2米、3米时，能看到前车的那个部位。只有平时有意识的积累，实际驾驶时，才能游刃有余。

55 复杂道路环境对行车有何影响？

提要：道路环境对驾驶人在行车时观察、分析判断和操作有较大影响。开车时驾驶人要全面观察掌握路况和交通信息，及时发现问题，识别危险，准确操作，确保安全。

●在全封闭、全立交的高速公路开车，路况良好，容易导致驾驶员警惕性下降，速度感迟钝，往往会疲劳驾驶、超速驾驶。

●泥泞道路的路面特别松软和黏稠，行驶阻力大，附着力减少，车轮极易滑转和侧滑。在泥泞路上制动时，车轮易发生侧滑或甩尾，导致交通事故。

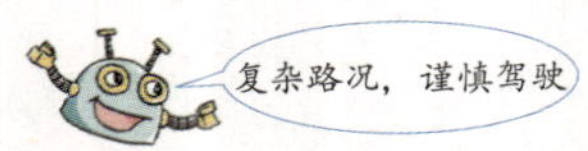

●水淹路面以及雨后积水的涵洞和桥底，无法准确判断水深和水流的情况，观察不到水下的暗坑、凸起的路面及其他障碍物。因此，涉水通过时，会因水位过高、被障碍物卡住或因颠簸，造成发动机熄火滞留在水中。

●山区道路坡陡路窄、临水临崖、穿洞过涧，视距不足，危险性大；施工路段路幅变窄、车道少，通行条件变差；在这些情况下，任何的操作不当或失误，都易导致事故。

●夜间能见度低，驾驶人的视觉明显比白天差，视距变短，不利于对物体的观察。由于注意力高度集中，易产生疲劳，威胁行车安全。

驾驶心得：预防性驾驶五大守则：一是放眼远方，视野要开阔。二是洞悉四周，观察前方时顾及两边和后方。三是视线灵活，避免在一个目标上盯2秒以上。四是留有余地，即在四周留一定空间。五是引人注意，要争取其他车辆和行人的注意，灯光和喇叭的使用要恰到好处. 不要长时间使用转向灯。

56 通过复杂交叉路口如何安全驾驶？

提要： 普通公路以及城市道路的交叉路口人多车多且混行，交通情况复杂，随时可能出现异常情况。通过这样的复杂路口时，要控制速度行驶，按规定避让行人和优先通行的车辆。遇到路口内车辆较多时，要减速观察车辆的通行情况，随时准备停车礼让。

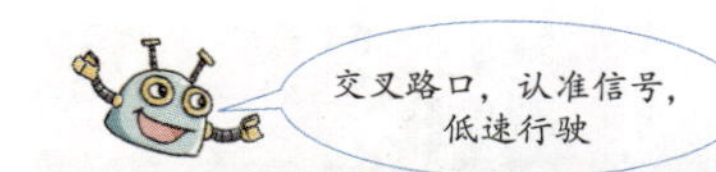

●在复杂的交叉路口，应严格按信号灯及交通标志指示行驶。即使视线良好，也要谨慎驾驶，防备视线盲区内出现突发情况。在路口遇到其他机动车违法变道时，要及时减速，不开赌气车。在交叉路口，遇到行人在人行横道区域外穿越道路时，即使行人未按信号灯指示行走，也要及时减速停车让行，不得加速从行人两侧绕行通过。

●遇红灯信号时，通过交叉路口的车辆要依次停在停止线以外；没有停止线的，停在路口以外。遇黄灯信号时，已越过停止线的车辆可以继续行驶；其他车辆应在停止线以外停车等待。遇到交叉路口交通堵塞时，即便是绿灯，也要停在路口外等候，不能进入路口内等候，以免加剧交通堵塞。

●驶入“环形岛”交叉路口时，要注意观察，遵守“准备进入环形路口的让已在路口内的机动车先行”的规定。进入环形岛绕岛右侧转行，到达预定道路出口，开启右转向灯驶离。“环形岛”交叉路口内严禁超车、逆向通行和随意停车。

●在没有红绿灯的路口，转弯车辆要让直行的车辆、行人先行。相对方向行驶的右转弯机动车让左转弯车辆先行。

法律规定： 遇前方道路受阻或前方车辆排队等候、缓慢行驶时，违反规定进入路口的行为，将被处以200元罚款记2分的处罚。驾驶机动车在黄色网格线上停车的，对驾驶员处以罚款20～200元，记3分的处罚。

57 通过铁路道口如何安全驾驶?

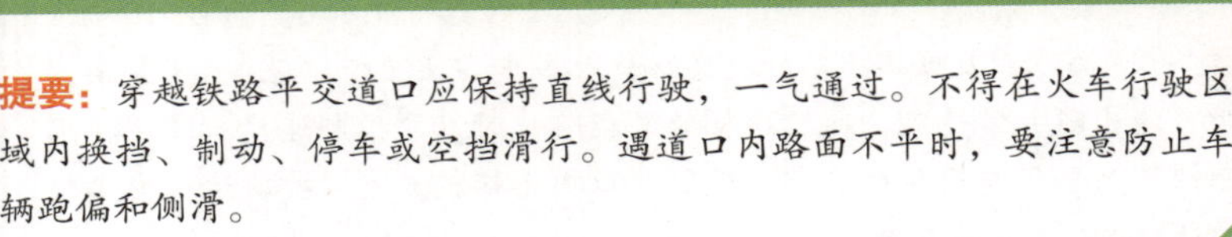

提要：穿越铁路平交道口应保持直线行驶，一气通过。不得在火车行驶区域内换挡、制动、停车或空挡滑行。遇道口内路面不平时，要注意防止车辆跑偏和侧滑。

●通过有交通信号控制的铁路道口，在道口外 30 ~ 50 米处减速减挡。接近道口时，观察确认安全后，按照信号灯指示提速一次性通行。遇报警器响或人工灯亮时，应停车等候，不得强行通过。

●通过无信号控制或无人看守的铁路道口时，要在道口外停车观察，做到一停（在停止线外停车）、二看（观察左右是否有驶来的火车）、三通过（确认安全后通过）。不得盲目通过，严禁与火车抢行。当有视线盲区或雨、雪、雾等恶劣天气视线不良时，应该下车观察或在别人指挥下通过。

●排队跟车通过铁路道口时，注意观察前车的动态，确认前车驶过，并在道口对面留出足够的安全停车空间后，提速快速通过道口。行经道口内，切忌换挡、制动、空挡滑行；切忌紧跟前车在道口内停留。在铁路道口内车辆出现故障时，应迅速设法将车辆移出道口。如果短时间移出有困难，应先设法向铁路部门报告，并尽快求助周围人员帮助，将车辆推出或拖出道口。

小知识：道口信号灯显示要求：一是红灯灭，白灯亮时，表示道口开通，准许车辆通行。二是两个红灯交替闪烁或稳定红灯亮时，表示火车接近道口，禁止车辆通过。三是当红灯和白灯均熄灭时，表示停电或设备故障，道口信号灯停用。

58 通过人行横道如何安全驾驶？

提要： 人行横道又称“斑马线”，是专供行人在交叉路口横穿车行道的标线，与车行道交叉，是行人的“生命线”。交通安全法规定：行走在人行横道内的行人有优先通过权。驾车通过人行横道时要做到提前减速观察，注意主动避让行人，随时准备停车。

●行车接近人行横道时，注意观察人行横道左右两侧是否有行人通过，提前减速，随时准备停车礼让行人。遇行人或非机动车通过人行横道时，要及时停车让行，严禁抢行或绕行。行经没有交通信号灯控制的交叉路口时，遇行人横过道路，应当主动避让。

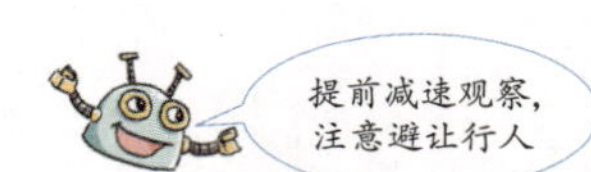

●遇到人行横道前有停止车辆时，前车可能在停车避让行人，此时一定要停车，不要盲目通过。不要在人行横道及附近路面上超车，要特别提防有些行动缓慢的人可能还滞留在人行横道上。

●遇到老人、残疾人、盲人通过人行横道时，应特别注意。尤其当他们在背对车辆或犹豫时，要及时停车，让他们先行通过，不要按喇叭催促。

驾驶心得： 当发现前方人行横道内有行人通过时，应该提前降低车速，使行人感觉到车辆是有意让他行走。当低速临近人行横道时，如前方仍有行人，则应该停车，让行人先过，确认安全后再通过。

59 山道及凹凸不平路段如何安全驾驶？

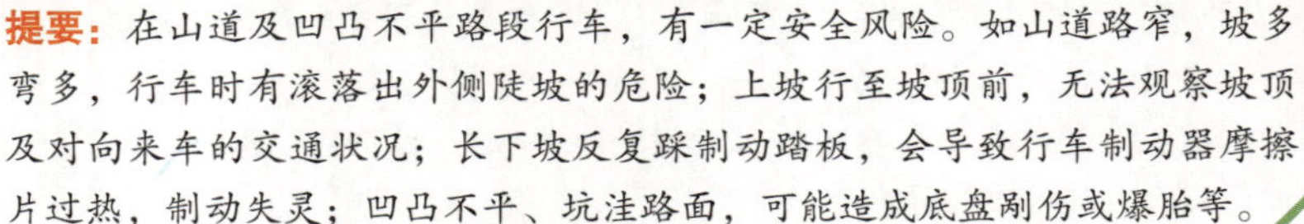

提要：在山道及凹凸不平路段行车，有一定安全风险。如山道路窄，坡多弯多，行车时有滚落出外侧陡坡的危险；上坡行至坡顶前，无法观察坡顶及对向来车的交通状况；长下坡反复踩制动踏板，会导致行车制动器摩擦片过热，制动失灵；凹凸不平、坑洼路面，可能造成底盘剐伤或爆胎等。

●车辆在上坡路段，要提前观察路况、坡道长度，及时减挡，使车辆保持充足的动力，平稳地上坡。驶近坡道顶端时，因受坡顶影响，难以观察到对方来车，此时要靠道路右侧减速慢行，必要时可鸣喇叭示意。下长坡时，不允许空挡滑行，不要仅依靠连续使用行车制动器，避免摩擦片升温致使制动效果急剧下降，造成制动失灵。可通过挂低速挡，利用发动机牵制作用和行车制动器控制车速。

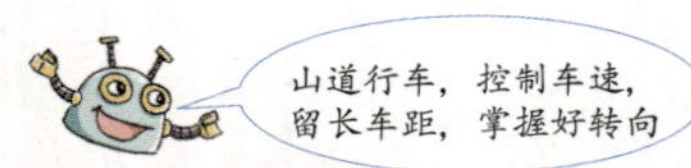

●在山道跟车，与前车要适当预留较长的安全距离。超车，要选择宽阔的较平直或缓上坡路段，严禁陡坡及不具备条件的路段超车。遇对向来车时，选择安全路段减速或停车交会，礼让右侧临水临崖的机动车先行。遇弯道较多路段，要尽量靠右侧行驶，转弯前做到“减速、鸣号、靠右行”。在临水临崖、窄路窄桥、急弯陡坡等路段行驶时，要提前减速，与路边缘保持必要的安全距离。

●底盘较低的汽车，通过凹凸不平路段时，特别是遇较大坑洼或较突出的沟槽时，掌握好转向盘，降低车速，选择相对平整处缓慢平稳通过，防止出现大的车身颠簸，避免剐伤底盘以及托底陷车。必要时可就地取一些土石垫在坑洼处，方便车辆平稳通过。

教练支招：在山道行驶，下坡车要注意给上坡车让路，会车不要靠边过多。因下长坡长时间使用制动器后，应及时研判车辆制动器的制动效能，必要时需停车降温。如遇冰雪天气，山道泥泞、湿滑，应及早装好防滑链。

60 通过弯道路段如何安全驾驶？

提要：车辆在弯道上行驶时，会产生离心力，转弯愈急速度愈快，离心力愈大，甚至会导致车辆横向侧翻。弯道处一般有障碍物阻挡视野，往往不能及早发现前方道路异常情况，因此弯道路段驾车务必谨慎。

●通过一般的弯道时，充分利用道路的宽度，尽量以趋于直线的大弧度转弯。在驾驶操作上，掌握“慢进、轻加速、快出”的过弯原则：即先减速、降挡；以低速进入弯道后，进行转弯路线的选择及方向修正。再轻踩加速踏板形成一个加速度，此时车辆重心后移，转向盘变得较轻，汽车较轻松的转弯。当到达弯道终点，将方向回正，确认路况安全后，提速驶出弯道。

●盲区弯道看不到出口。行驶时，无法了解弯道另一端的交通情况，不能按照普通弯道的方式驾车行驶。应先降低车速，尽量靠路右边行驶，即在通过左弯道时，汽车应该沿着弯道的外侧行驶。在通过右弯道时，沿着弯道的内侧行驶，以避免与对向车辆行驶路线重叠而引发事故。

●遇到2个以上弯道组成的复合弯道（即S路），首先必须降低车速，驶入第一个弯道的进口。在每个弯道上，都按先外侧再内侧再外侧的方法行驶。在通过最后一个弯道时，一旦看到弯道的出口就可以修正方向，适当加速，直线驶离弯道。如复合弯道中又有盲区弯道，则要按靠右边行驶的方法，通过弯道盲区。

驾驶心得：进入上下坡弯道时，要及时降速，换低速挡，发挥低速挡的强动力性以及发动机牵阻作用，控制车速。行至弯道，特别是盲区弯道，要鸣喇叭或变换前照灯的远近光提示对向车辆。在普通公路的弯道路段，尽量不要超车。

61 进出高速公路如何安全驾驶？

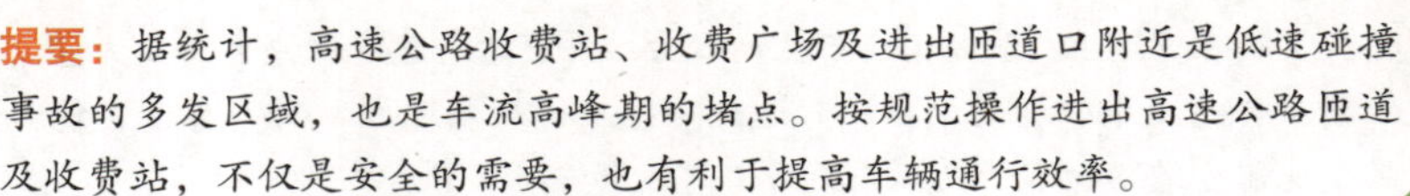

提要： 据统计，高速公路收费站、收费广场及进出匝道口附近是低速碰撞事故的多发区域，也是车流高峰期的堵点。按规范操作进出高速公路匝道及收费站，不仅是安全的需要，也有利于提高车辆通行效率。

●进出高速公路收费站口前，要降低车速，选择开启绿色指示灯的车道进出。遇车流量大，行进慢时，应保持与前车适当距离且紧跟前车，排队依次通行，不得超车、插队、临时变更行驶线路。进出 ETC 车道，应与前车保持适当的纵向距离，待前车读卡通过后，再驶入读卡区。如 ETC 车道无法读卡，应向现场收费员寻求帮助。如 ETC 车道出现异常时，也可选择从人工收费车道通过，取出 ETC 卡，交收费员人工刷卡。

●从收费站口驶入匝道时，应注意控制车速在 40 公里 / 小时以下。驶入主道前，应开启左转向灯，观察主道车流动向，并在加速车道提速，待行至加速车道末端再并入主道。不可出匝道后直接驶入主道。

●驶离高速公路前，要集中精力，注意路标指示，认准出口，提前准备。到出口前临时变道十分危险，也是高速公路行车中绝对不允许的。在出口前 500 米左右，应驶入减速车道，同时开启右转向灯；进入匝道前，车速要降至 40 公里 / 小时左右。

●车辆进入和驶离高速公路主道时，要注意把握好转向盘，平稳转向，不可急转，即转向盘的转动量不可过大。

特别提示： 一般情况，收费站入口方向路边都设有各类告示牌，告示交通情况，路政、交警及清障施救单位电话等，应予以关注。使用人工交费方式，应提前准备好零钱和通行卡，以免缴费时手忙脚乱，耽误时间。经常行驶收费路桥的车辆，可优先考虑安装 ETC，既减少等候时间。又可得到收费优惠。

62 在高速公路上如何安全驾驶？

提要：由于高速公路车辆单向通行，速度快，如不严格遵守交通规则，不按照高速公路特有的行车规范和要求驾车，是十分危险的。由此发生的交通事故，其伤害、损失程度远远大于普通公路。

●高速公路行车切不可违反相关禁止性规定。即：不准在高速公路上倒车、逆行；不准穿越中央隔离带掉头和转弯；不准在匝道、加速车道、减速车道上超车、停车；不准骑压车道分界线行驶。如果误驶过出口，只能继续向前行驶至立交桥掉头，或者在下一个出口驶离。

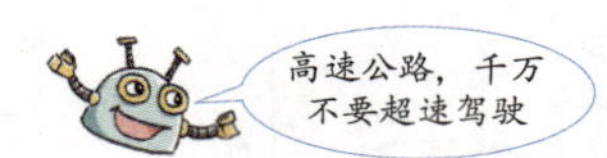

●进入高速公路行车道后，要严格遵守“分道行驶、各行其道”的原则。根据车辆行驶速度正确选择行车道，不得随意穿行越线；不准骑、轧分界线；不得占用应急车道。要将车速控制在限制速度内。跟车要小心，注意保持与前车一定的安全车距，尤其跟在重型车辆后面，车距要加大。

●在高速公路超车道行驶时，要注意观察前车的加速情况，确定和调整跟车速度，避免在车道上跟车过近和突然减速。驶入行车道后，应尽量保持车速稳定，减速时要逐渐进行，切不可紧急制动，更不要在行车道上直接停车。

●高速公路超车要视情而定，不能强行超车。在条件允许的情况下，提前开启左转向灯，从左边车道超越前车，切忌从应急车道强行超车。

驾驶心得：超速行驶一直是高速公路交通事故的头号杀手。进入高速公路时要特别注意观察限速标志，千万不要超速驾驶。高速公路上驾车容易产生疲劳，驾驶人感觉到疲劳就应该到就近的服务区休息。实在困了，可将车停在高速公路服务区短时休息。

63 通过立交和跨江大桥如何安全驾驶？

提要： 通过立交桥和跨江大桥时，各个方向的直行车辆，均应按标志标线提示方向，直行通过，不得掉头，尽量避免变更车道和强行超车。尤其是跨江大桥，桥面弹性较大，车辆行驶时易产生晃动，应握牢转向盘，控制好速度，不得盲目加速或紧急制动。

●行至公路立交桥前，要注意观察沿线指路标志，提前确认行驶车道和行驶线路。需要改变行驶路线时，应在距立交桥 500 米左右，开始逐渐减速，按照预告标志适时地完成车道的变更，平顺驶入预定车道。距入口 50 ~ 100 米时，开启左转向灯，按照标志、标线指示进入匝道。

●通过跨江大桥前，注意观察标志、标线，提前选定行驶路线，严格按标志限定的速度和标线指示的车道行驶。通过跨江大桥时，要把稳转向盘，控制好车速，不得盲目加速或紧急制动，不得随意变更车道。正常情况下，通过高速公路跨江大桥，车速不得超过 100 公里 / 小时。

●跨江、跨河大桥路段，往往会有较强横风影响驾驶，特别是雨雾天气，这种影响更为明显，应小心观察，紧握转向盘，以防江河处的强横风导致车辆偏离行驶路线或翻车。冬季早晚时间，立交高架桥、匝道，特别是跨江大桥等路面极易结冰，通过这些路段必须降低车速，防止意外发生。

教练支招： 立交桥一般行驶线路比较复杂，很容易选错出入口。因此，应提前观察沿线的预告标志，集中精力仔细辨认正确的出入口。可以事先查看地图，熟悉线路或借助自动导航系统选择行车路线。如错过出入口，不允许在立交桥上纠正，应继续前行，选择前方互通立交桥或最近收费站出口折返。

64 通过公路隧道如何安全驾驶？

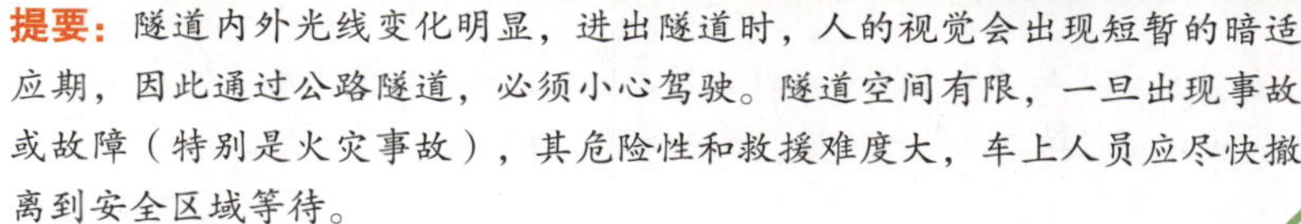

提要： 隧道内外光线变化明显，进出隧道时，人的视觉会出现短暂的暗适应期，因此通过公路隧道，必须小心驾驶。隧道空间有限，一旦出现事故或故障（特别是火灾事故），其危险性和救援难度大，车上人员应尽快撤离到安全区域等待。

●公路隧道内外光线强度变化较大，刚刚进入隧道时光线突然变暗，驾驶人的视觉会出现明显下降的情况。因此，要求车辆行至隧道口前约 50 米，提前减速，开启前照灯、示廓灯，察看车速表，按照限速标志规定的速度调整车速。要与前车保持足够的安全距离，不能随意超车和变换车道。

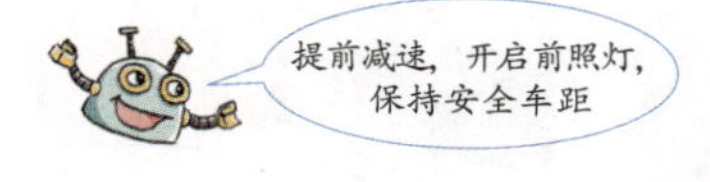

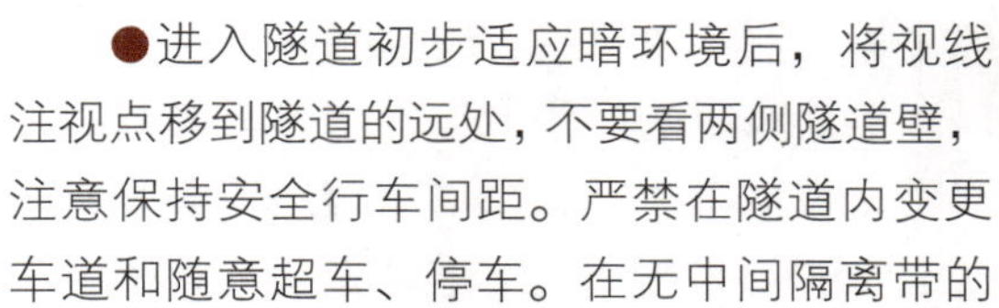

●进入隧道初步适应暗环境后，将视线注视点移到隧道的远处，不要看两侧隧道壁，注意保持安全行车间距。严禁在隧道内变更车道和随意超车、停车。在无中间隔离带的双向公路隧道内会车要倍加小心，注意变换前照灯的远近灯光，减速慢行。

●驶出隧道前，不能凭直觉判断车速，应通过车速表确认。驶出隧道后，在眼睛适应过程中，切勿盲目加速，以免因视力瞬时下降不适造成危险。

●车辆在隧道内出现故障，只要还能继续行驶，应尽可能将车辆驶出隧道，严禁隧道内停车。实在无法驶出，要设法将车移到隧道内的紧急停车带，开启危险报警闪光灯，设置警告标志并报警。

特别提示： 当隧道内发生火灾时，应及时撤离车辆，朝着起火点烟雾流相反的方向（即上风口），逆风逃跑。人员徒步逃跑时，要用水打湿随身毛巾或衣物，捂住口鼻，尽量低身弯腰，随时留意隧道内提示标志，找离自己最近的逃生路线逃生。

65 通过校区和居民小区如何安全驾驶？

提示：学校区域和居民小区是人群密集的地方，随时可能出现突发情况，行车时务必集中精力，仔细观察，慢速缓行，谨慎驾驶，切忌超速通过。

●行车至学校附近或有注意儿童标志的路段时，一定要减速，注意观察道路两侧及周围的情况，时刻提防学生横过道路。

●在学校区域遇到了上学或放学时段，有校车停靠上下学生时，校车在同方向只有一条机动车道的道路上停靠，后方车辆应该停车等待，不能超越。校车在同方向有两条以上机动车道的道路上停靠，校车停靠后方和相邻机动车道上的机动车应当停车等待，其他机动车道上的机动车应当减速通过。校车后方停车等待的机动车不能鸣喇叭或者使用灯光催促校车。

●通过居民小区要遵守限速标志的规定，低速行驶。随时注意道路两侧交通变化，遇到突发情况，要停车让行，不得连续鸣喇叭警示或加速抢行。

●穿越居民小区时，注意避让行人。遇两侧有行人占道行走，要与行人保持安全距离低速行驶。遇到路边玩耍的儿童，注意观察儿童动态，减速缓行。遇非机动车横穿道路时，及时减速让行，不能在非机动车侧方或后方加速通过。

●通过公交车站时，应减速行驶，仔细观察周围的路况和前后左右交通情况，注意避让超越公交车的非机动车或行人。

特别提示：超越停在公交站的车辆，应注意有可能会有乘客或行人从公交车前后突然横穿道路、非机动车或行人有可能会超越公交车、公交车会突然起步等情况的发生。应保持较大的横向安全间距，尤其要预防上下车的乘客从车前横穿道路。

66 复杂天气对行车会产生哪些影响？

提要： 复杂天气下开车，自然条件变差，视线受阻，路况行车条件变差，交通情况更复杂，要求驾驶人集中精力，注意观察，谨慎操作，牢记安全。

●冬季天气寒冷，驾驶室内外温差过大，室内的空气凝固于汽车挡风玻璃上形成一层薄雾气体，使挡风玻璃透明度降低，导致驾驶员视线不清。应及时采取擦拭、开窗通风、向挡风玻璃吹风等方式，迅速清除遮挡视线的雾气。

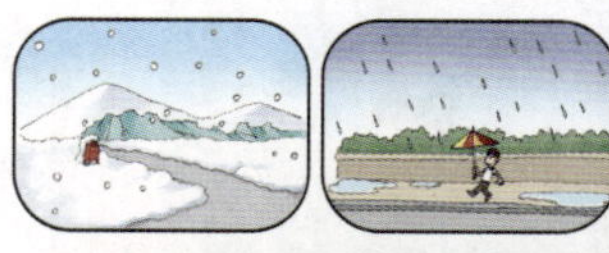

●浓雾或雾霾天气，能见度降低，驾驶人视线模糊，视距缩短，方向难辨，视野变窄，行车中很难看清前方障碍（行人、慢行车、故障车、事故车、凹坑等），极易发生交通事故。

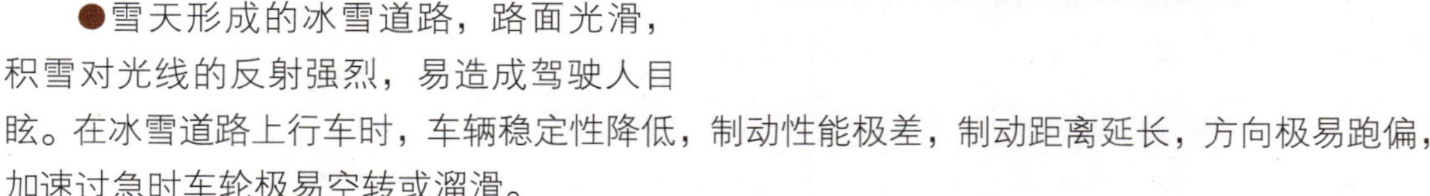

●雪天形成的冰雪道路，路面光滑，积雪对光线的反射强烈，易造成驾驶人目眩。在冰雪道路上行车时，车辆稳定性降低，制动性能极差，制动距离延长，方向极易跑偏，加速过急时车轮极易空转或溜滑。

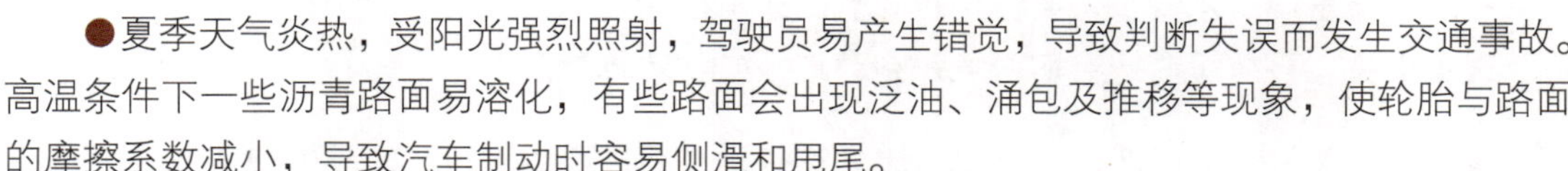

●夏季天气炎热，受阳光强烈照射，驾驶员易产生错觉，导致判断失误而发生交通事故。高温条件下一些沥青路面易溶化，有些路面会出现泛油、涌包及推移等现象，使轮胎与路面的摩擦系数减小，导致汽车制动时容易侧滑和甩尾。

驾驶心得： 大风天气扬起的尘埃会阻挡观察视线。高速行驶受到侧风的影响，转向盘会有突然“被夺”的感觉。逆风向行驶时，风向突然改变或道路出现较大弯度，风阻突然减少，会使车速猛然增大等。此时，不要慌张，稳住转向盘，谨慎驾驶。

67 阴雨天气如何安全驾驶？

提要： 阴雨天气，道路湿滑，对行车安全有一定的影响，特别是大雨暴雨的天气影响更大。雨天行车，要稳住转向盘，加大车距，降低车速，保持直线行驶，切忌反复变道蛇行和急转方向。需要制动时，应当缓慢踩制动踏板，尽量不要紧急制动。

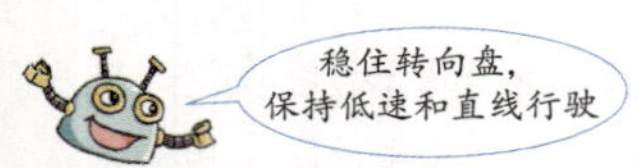

●雨中行人或骑行者因雨具和雷雨声影响，对交通状况视听敏感度下降，因此要鸣喇叭使其感知，并保持一定的安全距离通过；要注意提防其在车辆临近时突然转向或滑倒。超越行人或骑行者时，速度不宜太快，尽量避免溅起积水。严禁争道抢行或急速绕过。

●雨中超越前车，特别是超越货车时，在开启左转向灯、鸣喇叭的同时，将汽车刮水器使用高速挡，选准时机快速超越，避免前车车轮溅起的水雾对视线的影响。

●雨天行车，遇软路基路段，要注意观察有无塌陷迹象，避免陷车。遇深水、翻浆路段，应用中低速挡行驶，保持车辆有足够的动力一次性通过。不得停车或忽快忽慢行驶，切忌急转转向盘，以免发生侧滑。

●大雨天行车，要降低车速，合理避开积水凹地，防止发生“水滑”现象而造成行驶方向失控。一旦出现“水滑”，要握稳转向盘，逐渐松抬加速踏板，让车速逐渐降低；待“水滑”现象消失，再缓缓前行；切忌急踩制动踏板或急转转向盘。

●大暴雨天气能见度低，易引发地质性灾害，应尽量避免出行。行驶途中遇大暴雨，应降低车速，迅速开启前照灯、危险报警闪光灯和雾灯，将汽车刮水器调到最快挡。当挡风玻璃上形成水流，靠刮水器难以改善视线时，应选择安全地点停车，待雨小或雨停后继续行驶。

小知识： 所谓“水滑现象”是指雨天行车中，随着车速的增加，轮胎与路面之间形成的水膜。它使一个或多个轮胎在短时间处于未与地面实质接触的悬浮状态，导致各轮胎附着力减小且不均，易造成行驶方向失控，严重危及行车安全。

68 大风天气如何安全驾驶？

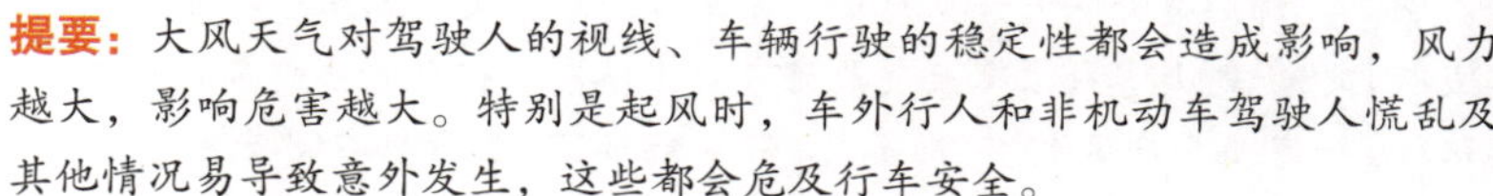

提要： 大风天气对驾驶人的视线、车辆行驶的稳定性都会造成影响，风力越大，影响危害越大。特别是起风时，车外行人和非机动车驾驶人慌乱及其他情况易导致意外发生，这些都会危及行车安全。

●起大风时，对路上行人和非机动车驾驶人影响较大，可能出现慌乱奔跑或用纱巾包头遮挡风沙等情况，致使视觉和听觉敏感性差；同时还会影响非机动车骑行人对交通工具的控制，这些都是驾车人必须留意和重视的。遇到这些情况，要高度警觉，保持中低车速行驶。如遇狂风袭来，双手要握稳转向盘、减速，随时准备停车。如遇沙尘暴，还应打开雾灯。

●大风中行车，风速和风向不断变化，会造成车辆在行驶线路上偏移。要正确辨认风向，密切关注车辆的横向稳定性，适当放慢车速，握紧转向盘，尽量减少超车。需要鸣喇叭时，可适当延长时间。大风天气夜间行车，不要使用远光灯，以免因出现眩目的光幕而影响视线。

●逆风行驶时，注意风向突然改变或道路出现较大弯度，风阻突然减少，使车速猛然增大。要提防行人为躲避行驶车辆扬起的尘土，在车辆临近时突然跑向道路的另一边。风沙特别大时应停车，待风小一些再出发。车辆停靠最好选择在道路上风处，车头背向风沙停放。

教练支招： 大风天气在高速公路上行车时，宜选择中间车道行驶，尽量不选择最内侧的车道，以防绿化隔离带的界桩等物被风吹倒，危及行车安全。大风天气停车，应远离楼房阳台、窗户、栅栏、施工围挡，避免出现高空坠物砸车的现象。

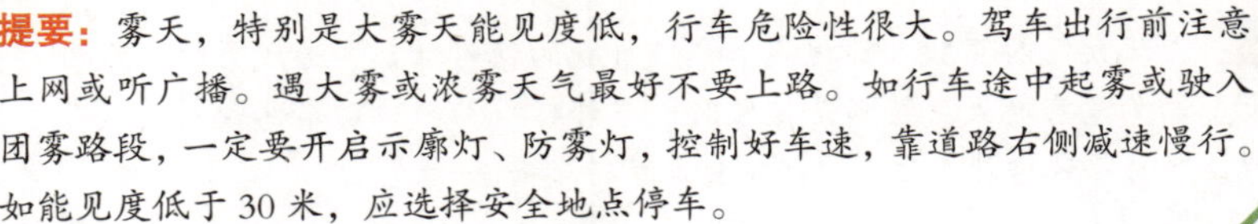

69 雾天如何安全驾驶？

提要： 雾天，特别是大雾天能见度低，行车危险性很大。驾车出行前注意上网或听广播。遇大雾或浓雾天气最好不要上路。如行车途中起雾或驶入团雾路段，一定要开启示廓灯、防雾灯，控制好车速，靠道路右侧减速慢行。如能见度低于30米，应选择安全地点停车。

开启车灯，控制车速，加大车距，适时鸣喇叭

●雾天在混合道路行车，应根据能见度，选择不同的车速，保持车辆之间的安全距离。非机动车及行人与汽车比有较大速度差，且目标小、标识不明显、难以被发现，安全隐患较为突出，因此尤其须要注意观察，鸣喇叭示意，随时制动减速避让。

●雾天会车要选择路面宽阔的路段低速行进，适当鸣喇叭提示，注意车辆之间横向距离，防止碰撞与剐擦。雾天尽量不要超车，超越路边停放的车辆时，要确认其没有起步意图且对面确无来车后，适时鸣喇叭，从道路左侧低速绕过。

●行驶途中起浓雾或进入团雾区，应及时控制车速，开启雾灯和近光灯，如能见度过低，应就近选择停车场或在较宽路面靠边停车休息。靠路边停车时，应开启危险报警闪光灯和在车后放置停车警示牌。

●遇浓雾天气，高速公路一般会实施交通管制。已在高速公路上行驶的车辆，可跟随前车尾灯行驶，找最近的收费站出口驶离或在服务区停留等待浓雾散去。如在大雾、浓雾天气下，在高速公路遇交通严重堵塞或事故不能继续行驶时，车上人员应从右侧车门疏散，站到护栏以外的安全地方。

小知识： 雾天能见度在50米左右时，驾车时速不得超过40公里/小时；能见度低于30米时，驾车时速应控制在20公里/小时以下。大雾天行车不能压黄实线，以防会车互相剐擦。遇浓雾时，切不可开启前照灯，这样反而会导致视线不清，应开启防雾灯或近光灯。

70 冰雪严寒天气如何安全驾驶？

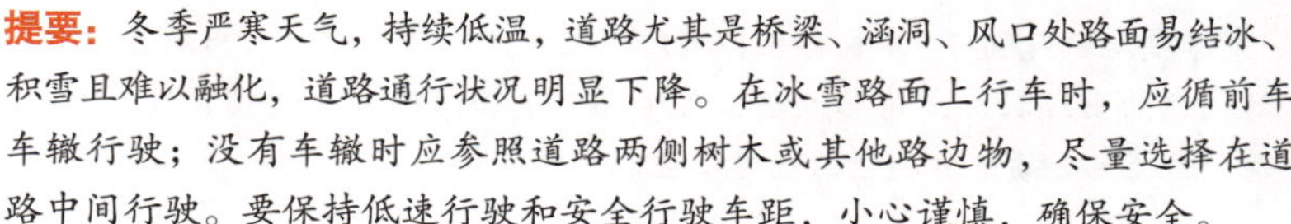

提要：冬季严寒天气，持续低温，道路尤其是桥梁、涵洞、风口处路面易结冰、积雪且难以融化，道路通行状况明显下降。在冰雪路面上行车时，应循前车车辙行驶；没有车辙时应参照道路两侧树木或其他路边物，尽量选择在道路中间行驶。要保持低速行驶和安全行驶车距，小心谨慎，确保安全。

●遇下雪天开车，一定要开启雾灯、示廓灯和刮水器，把握好转向盘，保持低速慢而稳地行进。会车应选择比较安全的地带靠右侧慢行，尽量增大两车的横向间距，必要时可在比较宽的地段停车让行。最好不要超车，尾随行驶时，要保持与前车较大的纵向距离，防止追尾。

●车辆行驶在结冰路面时，要降低车速，平稳驾驶，保持安全车距，尽量直线行驶。转弯时，要进一步降速，缓慢转动转向盘，以适当加大转弯半径，防止车辆失控。结冰路面行驶，特别注意避免紧急制动，要通过松抬加速踏板，换低速挡，利用发动机牵阻作用并辅以轻踩制动踏板的方式制动减速，严禁空挡滑行。长时间在积雪路段行车时，可佩戴偏振光墨镜。

●在积雪道路上行驶时，应循前车压过的车辙行进。因积雪掩盖车辙难以辨认时，可根据道路路缘及两旁的建筑、树木、电线杆等参照物判断行驶路线，低速行驶。遇弯路、坡道及临崖、临水等危险地段，要注意选择好行驶路线，确认安全后再继续行驶。在有积雪的坡道上行驶时，应提前换入低速挡，加速不可过急，中途避免换挡。如遇前车正在上坡时，应在坡底等候，待前车驶至坡顶后再继续行驶。

教练支招：冬季在冰雪路上停车时间过长，轮胎易与路面冻结，导致操作和起步困难。停车时注意选择适当地点或在轮胎下垫木板、树枝或柴草等物。行车时注意发动机冷却液的最低使用温度是否与环境温度相适应，不适应时应更换更低温度冷却液。

71 夏季高温天气如何安全驾驶？

提要： 夏季高温天气驾车，车辆各机件可能因长时间在高温下运行出现异常，如发动机过热出现拉缸，轮胎过热出现爆胎，制动器摩擦片过热出现制动失效等。因此，必须采取相应的应对措施。

●夏季出车前应检查车辆冷却液是否缺失，空调制冷系统是否性能完好，轮胎外观和胎压是否正常等。行车过程中，要关注冷却液表的温度变化，尤其是高速运行或在山区道路行车时，更要注意防止发动机过热。如发现温度过高，应及时选择阴凉处停车降温。可掀起发动机罩通风，待温度降低后，检查发动机冷却系是否缺冷却液或有其他产生高温的原因，并采取相应措施。

●在高温天气下行车，应适当减少供油量，避免长时间高速、超速行驶。一般开行 200 公里左右就应让车子停到阴凉处休息、降温。途中休息期间，要注意检查车况，确认冷却液充足，风扇皮带松紧度适当，轮胎温度正常，气压保持在规定的标准。

●夏季开车易疲劳，开车前要保证睡眠充足，多饮水，防暑降温。开车时保持良好心情，注意劳逸结合，行驶中产生困倦应停车休整一下，切忌疲劳驾驶。不宜长时间密闭车窗、开放空调，要经常打开车窗或天窗透透气。随车应携带好提神醒脑、防暑降温用品。可戴偏振光墨镜，不宜戴颜色过深的普通墨镜，切忌穿拖鞋或赤脚开车。

小知识： 高温天气行车常出现的问题有：发动机机体过热出现拉缸：制动液在高温下蒸发、汽化，在制动管中形成气阻，造成制动片烧蚀或制动失灵；机油黏度下降，抗氧化性变差，润滑不良；高温下轮胎易软化、磨损而导致爆胎等。

72 遇到突发自然灾害如何安全行车？

提要：灾害发生时，驾驶人一定要头脑清醒，沉着冷静，准确判断灾害情况。在确保安全的基础上，驾车迅速脱离灾区。如一时无法驾车驶离，可迅速将车上人员疏散到安全地点，组织有序逃生，视情实施自救或等待救援。

●在山区道路上遇见塌方或者泥石流、滑坡等，不要惊慌，注意避开山谷山脊；因为滑坡体和泥石流容易滑向山谷，山脊则有可能会塌方。视情可弃车往高处山腰跑。不要将车停在山石可能滚落的地方，不要将车停在桥上。

遇自然灾害，切勿惊慌，组织车上人员逃生第一

●行车途中遇上狂风暴雨，如果视线尚可，路况不复杂，应抓紧时间快速通过暴风雨区。如风暴猛烈，应选择安全地点停车。将车辆停靠在应急车道或路肩，开启危险报警闪光灯，车后放置停车警示牌，待风暴过后再开车继续行驶。

●遇地震时，不要在高层建筑和陡峭山体下停车。驾驶人应仔细观察行车环境，将车开至空旷处，并尽快将车上人员疏散到安全地点，组织自救或等待救援。

教练支招：遇到突发性自然灾害断路受困时，要有计划地使用食品、饮用水和燃料，并同时联系当地救援部门等待救援。此外，在驾车前往路况不佳的地方时，应提前备好食品、饮用水、燃料、拖车带等，以备不时之需。

73 夜间行车如何注意安全？

提要： 夜间行车，视线不良，不易察觉路况变化和行人情况，需要特别集中精力，仔细观察，控制车速，增加跟车距离，正确使用灯光。特别应注意道路障碍以及道路施工信号灯。

●加强夜间观察，准确判断情况。夜间驾驶最大的难点在于视线较差，视野变窄，视距变短，判断力下降。路况看起来与白天相比有较大差异，使前方路障及两侧交通隐患不易被及早发现，这也是夜间驾驶容易疲劳和发生交通事故的主要原因。因此，加强观察是夜间安全驾驶的第一要务。

●控制合理车速，增大跟车距离。因夜间行车视线不良，发现情况时往往距离已很近，因此在相同路段上夜间车速应比白天更低，以便随时停车。

●夜间尾随前车行驶时，注意观察前车信号灯变化，尽量避免超车。确需超车时，要连续变换远、近光前照灯向前车示意，在确认前车减速让路后方可超越。夜间会车时，要不断变换远、近光前照灯的使用，减速并仔细观察两车灯光交汇处视线盲区的情况，以防盲区内出现行人通过或遇障碍物而导致事故发生。

●夜间行车切忌疲劳驾驶。特别是凌晨2时至5时，是极易困倦的时段，最好停车休息。行车途中，尤其在高速公路上，一旦感觉精力涣散、倦怠，应进服务区等地方停车休息，待疲倦感消除后再重新出发。新手及视力较弱的驾驶人，应尽量避免夜间及黄昏时段开长途车。

驾驶心得： 夜间交会车辆时，如果来车未及时变换使用前照灯的远近灯光，应在减速的同时，用喇叭或变换前照灯的远近灯光示意。切不可以用强烈的前照远光灯对射，以防发生撞车或翻车事故。会车时，一定要降低车速，以免车辆交会瞬间因看不清前方路面情况而发生交通事故。

74 行车时如何合理使用车辆灯光？

提要：汽车灯光包括：示廓灯、近光灯、远光灯、危险警告双闪灯、转向灯、倒车灯、雾灯等。汽车灯光除在光线不足的情况下提供照明外，还起到发出指示和警示信号的作用。灯光装置的齐备完好与正确使用，是行车安全的有效保证。

●注意发挥车用灯光的指示和警示作用。开启车辆灯光不单是为了照明，还有更重要的作用是通过对灯光的控制，向外界交通参与者发出指示和警示信号，提示其他车辆和行人能够注意观察到自己行车意向。因此，不能等到完全天黑，自己看不清路才开灯，应在天色开始变暗，灯光能显示出车辆轮廓时就开启。遇到雨雾等影响视线的特殊天气时，也应开启示廓灯。

●注意灯光的合理使用。在有路灯照明的城市道路上，宜用近光灯，并借助路灯，尽量把视野扩大到前照灯以外区域。夜间在照明不好的道路上，低速使用近光灯，高速使用远光灯或远近光交替使用。通过交叉路口或与对向车相会，相距 150 米内时，应将远光灯变为近光灯，以防对向来车驾驶人目眩。行车过程中不要开启车内灯。

●注意文明用灯光。如遇对面车辆未将远光灯切换成近光灯，对你的视线造成干扰时，一定要冷静对待，不要直视对向来车灯光。可用远、近光灯快速切换提示对方，但千万不要试图用远光灯“还击”，以免双方驾驶人都看不清路面交通。

驾驶心得：在雾天、大雪、暴雨或尘埃弥漫情况下驾车时，用好灯光可以提高能见度，并能保证所驾汽车被其他车辆及时发现，以便采取安全措施。雾天行车要开启雾灯，不要使用远光灯。天气尚好的夜间行车，注意不要开启雾灯。

75 自驾游应做好哪些准备？

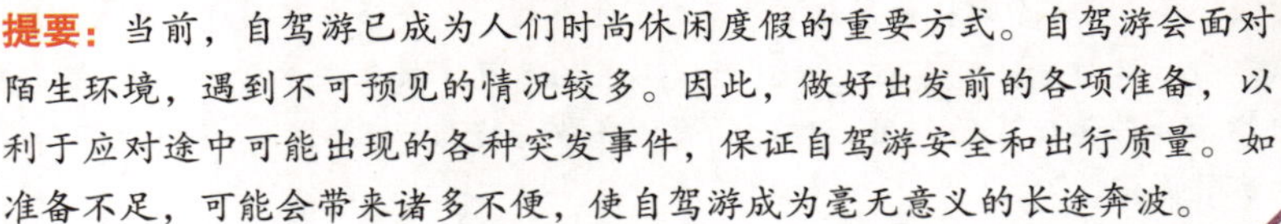

提要：当前，自驾游已成为人们时尚休闲度假的重要方式。自驾游会面对陌生环境，遇到不可预见的情况较多。因此，做好出发前的各项准备，以利于应对途中可能出现的各种突发事件，保证自驾游安全和出行质量。如准备不足，可能会带来诸多不便，使自驾游成为毫无意义的长途奔波。

●做好周密的出行计划。出发前要查询旅游区及途经地的天气、交通状况、景区景点、民俗风情等情况。选好行程路线及景点，查看沿途加油地点和休息区，提前预订旅店。传统节假日，高速公路免费通行，出游人流、车流爆满，此时出行更要精心谋划，尽量避开车流量大的路线和时段，力求出行安全顺畅。

●行前要对车辆做一次全面的检查和维护。主要检查底盘、制动、转向、灯光、轮胎、悬架装置、油水电、冷暖空调等，发现问题马上修复。还要给发动机和变速器等进行维护作业，加满燃油、玻璃清洗液等。

●要带好自驾游各种证件和用品：一是携带各种有效证件，包括身份证、行驶证、驾驶证，保险卡等。二是备好银行卡和现金。三是备好随车工具、墨镜、雨具等。四是带上有关的地图资料，开通自动导航，带好手机等通信工具，并携带充电器（最好还配备车载充电器）以及备用电源。五是带好水、饼干等食品，还要配备防暑、防晕车、感冒、止泻、止血等常用药品。

特别提示：在外自驾游，时刻牵动着亲人的心，保持联系不可或缺。建议每天都要将自己所处位置、行程安排向家人告知，以便有情况随时联系。现代人过于依赖手机，丢失手机意味着失去与所有人的联系。因此，出发前要准备一份纸制的电话号码簿，包括自己的姓名、单位及关系密切的亲朋、同事的联系电话。

76 如何做好自驾游车辆的行前检查？

提要：自驾游往往行驶里程长，天气和路况变化无法预知，保持良好的车况是顺利完成自驾游的前提和保证。车辆必须在出发前做好全面的检查，旅行途中也要随时关注车况，发现问题及时处置。

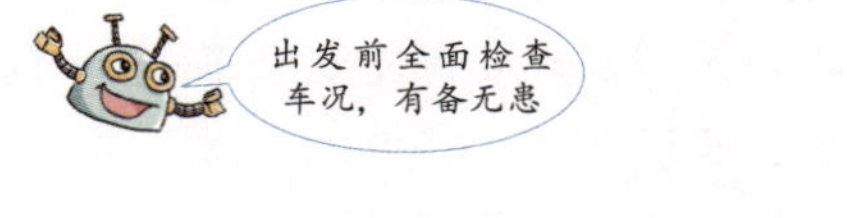

●长途自驾游前最好开车到该品牌汽车维修厂进行一次全面的检查和维护。主要包括发动机和变速器的润滑油以及底盘、制动、转向、灯光、轮胎、悬架装置、油、水、电等，发现问题马上修复。

●整备出发前，要自行对以下项目进行检查：①刮水器用洗涤器。打开储液罐盖，观察洗涤液液面高度；需要添加时及时加满并注意防止杂质混入。②润滑油。起动前，拔出机油尺查看，机油高度要在上、下限之间。低于下限要添加，注意使用指定牌号的机油。③风扇传动带。按压风扇传动带中间的挠度在10~15毫米之间，若不符合要求及时进行松紧度调整，如果有损伤要及时更换。

●旅游途中，每天出发前也要对车辆进行检查。方法是：①先绕车一周，查看地面是否有漏油、漏水的痕迹，看轮胎气压是否正常。②开启发动机罩，检查机油、防冻液、制动液储罐内的液面高度和机油质量。接下来，检查电路各接头的桩头，蓄电池桩头是否紧固。③起动发动机，观察发动机运行是否平稳。④查看所有灯光装置的外观和工作情况，如有污渍及时清洗，有损坏及时更换。

教练支招：自驾游要随时关注轮胎情况，重点检查气压和轮胎侧面是否损伤。轮胎（包括备胎）气压不足要及时充气，发现轮胎有较大损伤时要立即更换。途中停车时，可用手摸方式，感受轮胎的表面温度。如四个轮胎温度差异大，要格外注意温度最高的那个轮胎的故障原因。如无法查到具体原因，要降低车速与连续行车时间。

77 自驾游途中应注意哪些事项？

提要： 自驾游过程，常不熟悉线路、地形，也缺乏可提供帮助的朋友，甚至与当地人在沟通等方面都存在障碍，出现问题和意外的概率要高，解决问题难度要大，因此要做好应对各种困难的思想准备。

●道路生疏使交通违章可能性增大，而异地办理消除违章比较麻烦，更要严守交通法规。结伴同行时，各车应相互照应，既要保持安全车距，防止追尾；也要注意跟车，防止掉队。前车通过信号灯路口后，要稍稍等候，待后车跟上再走。注意及时添加燃油，每日跑长途出发前要将车加满燃油，根据当日行程安排预估耗油量，预先考虑途经的品牌加油站。

●旅游途中遇复杂路况，如山区道路、急弯、陡坡等，一定要控制车速，按规则行驶，坚持文明礼让，不要开英雄车和斗气车。要合理安排行程，尽量避免夜间行车。途径涉水路、泥泞路应谨慎开车。

●车内人员要系好安全带，不要嬉笑打闹，不要长时间和驾驶人聊天，不要有分散驾驶人注意力的言语和动作。驾驶人不要和其他人一样熬夜，要保证充足睡眠时间；行车时应随时提醒自己，保持精力集中。感到困倦，应停下车适当休息，透透气。每驾驶 2 小时左右要停车休息片刻；有副驾驶人的，每 2 小时轮换一次为佳。

●自驾车出游期间，要注意防暑防寒，注意饮食卫生，防止食物中毒。要讲文明、懂礼貌，努力控制好情绪，切忌与人争吵，招惹是非。返程时要克服归心似箭的心情，保持足够精力，平安驾车回家。

特别提示： 旅游途中，如车上人员突发心脏病、晕车、中暑、虚脱病症，或意外划伤、摔伤等情况，应使用急救药箱的药品帮助患者缓解症状。如须由医生进行专业处理，要迅速呼叫急救中心 120 或红十字急救中心 999，也可通过导航系统寻找附近医院，寻求专业救援。

78 自驾出行如何应对高速公路堵车？

提要： 节假日高速公路免费通行，选择此时自驾出行，被堵在高速公路上十分正常，也是相当烦恼的一件事。如何避免堵在高速公路？若是堵在路上该如何应对？这都是自驾游者必须了解的问题。

●事先要查寻行驶线路，制定一个最佳线路方案和几个备选方案，熟悉各方案线路之间的分流和汇合点。出行前要了解沿线天气状况，如遇浓雾天气，务必推迟出行时间；如在高速公路节日免费期间出行，应错时出发，避开高峰。行车途中，随时收听广播电台的实时路况信息，为行车提供参考。

●如遇前方车辆堵塞，需要停车或者缓慢行车时，应保持安全车距，开启危险报警闪光灯提示后方来车，最好不要选择大货车多的慢车道停车等候。如车流能缓慢前进，车上人员不要下车。拥堵时间长，车辆停滞不前时，车上人员如果下车活动，应注意保障自身安全。

●高速公路前方堵车时，切忌走应急车道往前挤。应急车道是一条“生命通道”，是消防救援、医疗救护、民警执行任务使用的专用通道。如果堵车时挤占应急车道，会导致救援车辆进不去，错失时机，加剧拥堵。车辆缓慢前行过程中，车辆不要来回穿插变道，以免发生剐擦事故。

驾驶心得： 堵车时，车辆长时间走走停停，耗油量较大，应警惕燃油耗尽。停车等候时，如关闭发动机，尽量少使用车上电器设备，以免导致蓄电池电量耗尽，再次启动困难等。如长时间堵车，车主下车时一定要注意带上车钥匙，因为有些汽车熄火后会自动锁车，处理起来十分麻烦。

79 如何防止长途行车时车辆爆胎？

提要： 车辆爆胎引发的交通事故，后果十分严重，甚至造成车毁人亡。特别在高速公路上，许多意外交通事故是由爆胎引起的。因此，对长途行车时的爆胎问题务必引起高度重视。

●途中要及时检查轮胎气压。一般认为，车辆爆胎一定是胎压过高。实际上，轮胎气压过底，更容易导致爆胎。车辆行驶中，当胎压过低时，轮胎会出现波浪变形，造成轮胎温度会不断升高，最后导致爆胎。这种现象在高速公路上尤为容易出现，是造成爆胎的主要因素。

●行驶中，要尽量避免频繁使用制动或紧急制动。车辆行驶在下坡路段时，整车重心会前移，这势必会加大前轮负荷，坡度越大，车速越快，前轮负荷越大。如此时使用制动，特别是使用紧急制动，将会进一步加大前轮负荷，往往会引发前轮爆胎。

●引起轮胎漏气和爆胎的其他原因还有：轮胎质量差、气门芯漏气、超速超载、轮胎气压过高、行驶中轮胎被锐物刺伤、轮胎过度磨损、轮胎匹配不合理、长时间行驶等。防止车辆爆胎，首先应根据车型选购正宗品牌的轮胎；其次，要做到行车前、行车途中、收车后，随时检查轮胎气压，查看并清理轮胎沟槽里的异物；再就是要及时更换有裂纹或有较重损伤的轮胎。

驾驶心得： 预防爆胎的措施有：行车时尽量不高速行驶，少用紧急制动。遇到下长坡时，尽量少使用紧急制动；应将变速器挂低速挡，利用发动机牵阻控制车速。增强预判能力，急需制动时，可采用点踩制动踏板降低车速，让车辆制动减速过程平缓。要随时留意路面坑洞和障碍物，尽量避免车轮直接压过。

80 行车途中如何更换轮胎？

提要：行车途中，轮胎坏了可能一时不方便找专业人士处置，需要自己动手更换。因此，掌握正确的轮胎更换方法，是驾驶人需要掌握的基本技能。

●行车途中需要更换轮胎时，应在不妨碍交通并能保证自身和车辆安全的坚固平坦道路边进行。停车换轮胎时，要关闭发动机并拉紧驻车制动器操纵杆，开启危险报警闪光灯和在车后设置停车警示标志牌。

●将千斤顶置于车身下的钢梁处，并顶起，重点对准车身下方支撑点。别着急升起千斤顶，先将轮胎的螺母松动两圈，再将千斤顶举升，直到轮胎离地。松开螺母为逆时针方向，拧紧为顺时针方向。

●卸胎方法：确认已经拉紧驻车制动器操纵杆使车辆固定，挂一挡或倒挡，在每个不需要更换的轮胎下加止动块，防止溜动。先卸下轮毂盖，用轮胎螺母扳手慢慢将螺母逐一松开。用千斤顶将轮胎顶起，再将已经松动的螺母全部卸下，卸下轮胎。

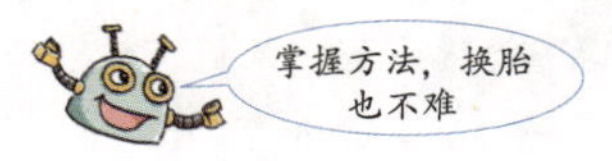

●装胎方法：换上备胎，拧上轮胎螺母（注意螺母的旋转方向），均匀地紧固每个螺母。放下千斤顶，按对角线交叉对称地将螺母拧紧，装上轮毂盖。再将卸下的轮胎和千斤顶等工具一起放入行李舱。

小知识：备胎是作为应急使用的轮胎，长期搁置车上备用，需要经常检查备胎的气压等问题。有些车辆备胎与常用胎规格不一样，只能应急情况下临时替换使用，不得长期使用。

81 农村远郊自驾游如何安全行车？

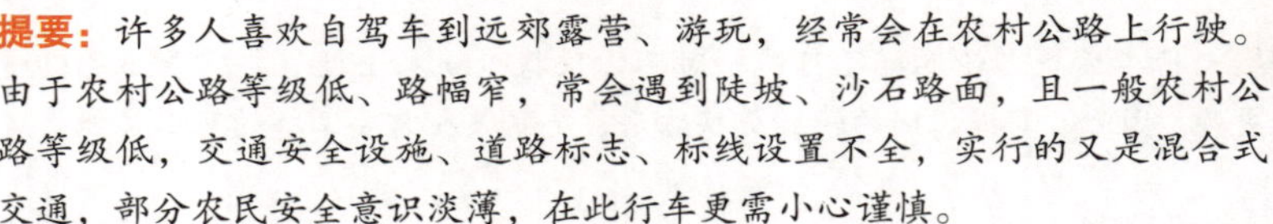

提要：许多人喜欢自驾车到远郊露营、游玩，经常会在农村公路上行驶。由于农村公路等级低、路幅窄，常会遇到陡坡、沙石路面，且一般农村公路等级低，交通安全设施、道路标志、标线设置不全，实行的又是混合式交通，部分农民安全意识淡薄，在此行车更需小心谨慎。

●在农村公路行驶，受到路面狭窄、坡陡弯急、视线不好的限制，必须控制速度，尽量避免急加速、急减速。经过村庄时，应做到一慢、二看、三通过。遇有对面来车，应注意观察路面，选择较开阔的路段作会车地点，礼让来车通过。下坡时应选择中低挡位，利用发动机牵阻作用控制车速。

●行经沙石路面，要放慢车速，握稳转向盘。遇到路面有坑洼、乱石、车辙沟时，应充分考虑到车辆的离地间隙，小心转动转向盘，缓慢避让通过。汽车经过砂石路段，晴天扬起的尘土或雨天溅起的泥水，都会影响视线。如前方有车，跟车不宜太近，以防意外发生。

●在松软、泥泞、积水路段行驶，应将变速器挡位换至中低挡，多用松抬加速踏板方式进行减速，少使用紧急制动。大雨过后，要特别注意不要靠近路肩边缘行驶，以防路基垮塌发生翻车事故。

特别提示：在农村道路行驶，要注意避让行人，尤其是拖儿带女、赶放牲畜、骑自行车和躲避尘土、泥水乱跑的人群。他们在行进中，会出现一些突发情况。遇到这类人群要特别留意，减速礼让，必要时停车打招呼避让。

82 泥泞和涉水路面如何安全驾驶？

提要：喜欢野外探险的自驾人士，常会面对泥泞和涉水路面的考验。在这种道路条件下，首先应该选择通过性好的越野车辆作为自驾交通工具，同时也要掌握好通过泥泞、涉水路段的一整套安全行车技术。

●泥泞路路基松软和黏稠，行驶阻力大，附着力减少，车轮极易滑转和侧滑，通过泥泞路段主要是防滑防陷。在驶入泥泞路前，应及早控制车速，换入适当挡位，以保持足够的动力。通过时，要选择坚实、滑溜小的地方，用均匀中速或低速一气通过。中途避免换挡、制动、转向、停车。如泥泞较深，可循前车轮迹行进，必要时清除或铺垫砂石、草木后再通过，防止障碍物触及底盘。

●通过漫水路面时，要查清水深、流速、流向及水底情况，确定车辆进出路线、地点，判断车辆是否能够安全通过。入水前，应挂上低速挡，稳住加速踏板，匀速直线开过去。驶出漫水路段后，制动摩擦片会因进水导致制动失效，可多踩几次制动踏板，让制动摩擦片发热排掉水分，恢复正常的制动性能。

●途经涉水路，不能多车同时下水，要待前车到达对岸后，后车再下水，以防彼此影响致使多车被困水中。如涉水过程中，万一有排气管、汽缸进水使发动机熄火，切忌再次起动发动机，使发动机造成更大损坏。只能依靠外力救援。

教练支招：陷入泥泞路段后的自救：先将车稍向后退出，然后改变车轮行进方向，挂入低速挡，利用发动机的冲力驶出。车轮继续打滑时，应立即停车，挖去泥浆或设法支起车轮，铺垫柴草、碎石或在驱动轮上缠绕绳索等，以增加车轮的抓地力，防止倾覆。

83

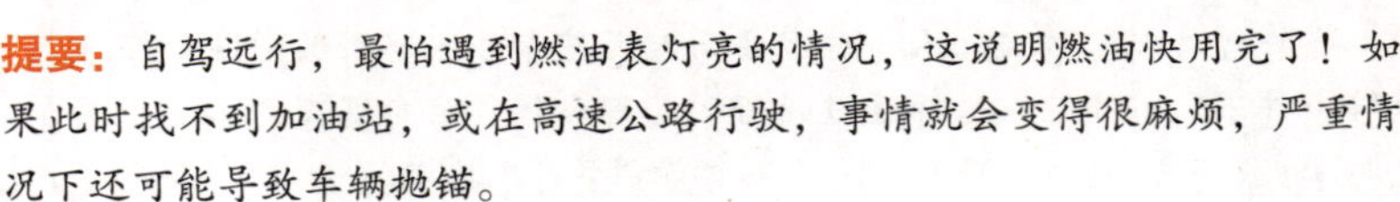

行车途中燃油表灯亮了怎么办？

提要：自驾远行，最怕遇到燃油表灯亮的情况，这说明燃油快用完了！如果此时找不到加油站，或在高速公路行驶，事情就会变得很麻烦，严重情况下还可能导致车辆抛锚。

●燃油表灯点亮表示车辆燃油箱内燃油液位低，提示应及时添加燃油。一般而言，燃油表亮灯后，还能行驶一段距离，称之为续航里程。此时，首先要做的事，就是迅速找到加油站。可打开手机地图进行搜索，拨打中石化客服电话（95105888）或中石油客服电话（95504）咨询。

●要掌握省油驾驶技巧，确保顺利到达加油站。一是合理控制车速。一般控制在 100 公里/小时以内，在高速公路上要注意最低限速标志。二是减少车身负重，可将大件行李及乘客安排到另外一辆车上。三是减少制动，包括合理换挡、缓踩加速踏板，提前预判周围车辆和道路情况，少踩制动踏板。四是关闭大功率用电器，如空调等。

●在高速路、快速路、高架桥行车，一旦发现燃油灯亮了，要立即驶离。这些地方停车不安全，封闭道路无法掉头、禁止横穿，送油不方便。车辆缺少燃油后，注意合理规划线路，尽量走好路。通过收听交通广播等方式避开拥堵路段，随时注意指示牌或者导航信息，防止走错路。

小知识：燃油表灯亮表示车辆燃油液位低，一般家用车燃油表灯亮后的剩余油量为 7 ~ 10 升。如油箱内剩余 7 升油，油耗是每百公里 10 升油，车辆的续航里程在 70 公里左右。值得注意的是，燃油表灯亮之后，不管是仪表盘上显示的续航里程，还是凭经验自己算出来的续航里程，都只能做个参考。因为燃油表灯报警会因路面颠簸油品晃动而不准确，受到各种因素的影响，车辆油耗并非一个固定数。盲目凭经验，心存侥幸是不可取的。

84 途中停放车辆应注意哪些安全因素？

提要：自驾游常有临时性停车和停车过夜的情况，停车地点有可能是野外，也可能是城区。旅游途中停车，安全是第一位的。在外地城区停车更要遵守当地的规定，不要乱停乱放。

●短时间停车。在野外临时停车拍照、逗留，不要选择在转弯处或某一方向视线不好、坡度较大、感觉有可疑人逗留处的地方。在集镇、路边店就餐，最好将车停在大家视线能及范围处。

●长时间或夜间停车。在外地夜间住宿停车时，最好选择昼夜有人看管的停车场，车头向外停。每次停车离人，都应记得关闭所有车窗，锁好车门，将贵重物品随身携带，不要有侥幸心理。为安全起见，可开启报警装置。车辆如果停在比较偏僻又无人看守的地方，可以采用拆掉某缸火花塞高压点火线的方法，使盗车者无法顺利起动汽车。一旦发生丢车或车辆意外损坏等事件，应保护好现场并立即报警，同时通知保险公司，等待解决方案。

●切忌乱停乱放。在外地市区临时停车，最好停在停车场或设置停车标志标线、有专人管理的路边停车位。乱停乱放，很容易被拍照处罚、记分，甚至被锁车，外地车处理起来更麻烦。注意路边停车缴费时，应向管理员索取停车发票，如对方不能提供，可拒绝付费。这样可防止缴了停车费、又收到罚单的现象发生。

特别提示：离开汽车前，一定不要将装有财物或疑似装有财物的手包、背包等留在座椅等易被人注意的地方，以防盗贼起意，破窗盗窃。除财产损失外，补领证件，修理车窗玻璃也都是很劳神耗时的麻烦事。

85 家用小汽车如何安排维护与修理？

提要： 汽车故障产生的原因主要有自然老化、正常磨损，疲劳损坏，质量不佳和使用不当等方面。根据汽车使用的实际情况，采取措施，及时检查、调整、紧固和更换机件，进行车辆维护十分必要。根据家庭汽车使用的实际情况，可按日常、阶段性随机和定期维护三种情况来安排。

日常维护好，行车才会有保障

●日常维护。以每天出车前的检查为主，对车况做到心中有数。一是查外观，车辆停放期间车身有无新的剐蹭外伤，轮胎是否亏气，车辆四周有无妨碍出车的障碍物。二是看仪表，蓄电池、机油、汽油、冷却液等车辆运行材料及设备自检情况。三是听声音，起动后听发动机运转的声音，起步后听传动系统及轮胎的声音，是否正常。四是踩踏板，试制动是否有效。需对检查出的问题有一个判断，在不影响安全的前提下才能出车。

●随机维护。每过一周或半月、二十天，应安排一点时间，对汽车进行阶段性不定期维护。以检查、清洁、添加、紧固为主要内容，发现问题及时处理。检查机油、冷却液、制动液和玻璃清洗液储罐的液面高度，即时添加发动机润滑油、冷却液、玻璃清洗液、燃油。检查轮胎磨损和破损情况，清理轮胎夹带异物，清洗车辆内外。对近期发现的故障问题及时送修。

●定期维护。有关机油、变速器齿轮油、冷却液、制动液等更换以及车辆机械部分的检视和调整均属于定期维护的工作内容。在车辆每行驶 5000~7500 公里或使用 3 个月以上时，应到专业维修厂家进行维护，以确保及时发现和处理问题，确保车况正常。如果不定期做维护，可能会使车辆机件加速损坏，安全隐患也不能及时发现和排除。

小知识： 我国现行的专业运输车辆维护分为日常维护、一级维护和二级维护。其中，一级维护和二级维护由维修企业负责执行。汽车在使用初期和长时间停用的情况下，还需执行走合维护和停驶维护的相关内容：不同季节对汽车的维护也有不同。家庭小汽车的维护可视使用强度参照处理。

86 如何进行新车走合期维护？

提要：新车使用的初期称走合期，易发生紧固件松动、润滑油变质等现象。如走合期使用不当，易导致机件快速磨损，出现各类故障，严重影响车辆使用寿命、安全性和经济性。必须严格按走合期操作规定驾车，如发现异常，尽快找厂（商）家指定的售后维修点维修，切不可自行拆修。

●新车走合期是指初期使用的这段时间，通过各机件运行相互磨合，达到机件之间的最佳配合状态。在走合期内应按车辆走合期操作规定运行，发现异常妥善处理。

●新车走合期内切忌跑长途。初驶 3000 公里内，车辆负载不宜超过最大负载的 70%。走合期间，最好挑选平坦的道路行驶，避免大的振动、撞击和紧急制动。尽量保持中低速行驶，时速一般控制在 50~90 公里 / 小时；发动机转速控制在 2000~2500 转 / 秒之间。应根据车速和路况正确选择挡位，不要急踩加速踏板，导致发动机高速运转。

●新车走合期内起步前应预热 2~3 分钟，使发动机充分润滑，尤其是涡轮增压车型，必须要先预热才能起步。行驶中要注意发动机、变速器等工作情况；注意发动机冷却液温度，发现冷却液温度过高应及时停车。

●新车走合期内要经常检查燃油、机油、冷冻液、制动液的液面高度，发现不足及时补充。加燃油时要添加质量和牌号合格的燃油，使用的机油不能低于厂家规定的标号，不要添加抗磨损的减磨剂。

●按厂家要求新车行驶达到一定的走合期里程后，要及时到指定的汽车维修站进行专业的维护作业，更换机油、机油滤芯等，全面检查底盘系统。

特别提示：新车磨合里程参照新车说明书中的具体要求。一般要求在初驶 2000 ~ 3000 公里，国产车一般为 1000 ~ 2500 公里，进口新车多数为 1500 ~ 3000 公里。新车磨合期分为 3 个阶段，行驶里程至 100 公里时为磨合初期，行驶 200 公里时为初磨合程度，行驶 3000 公里各部件就可达到理想的磨合状态。

87 长期停放车辆解除封存时应如何维护？

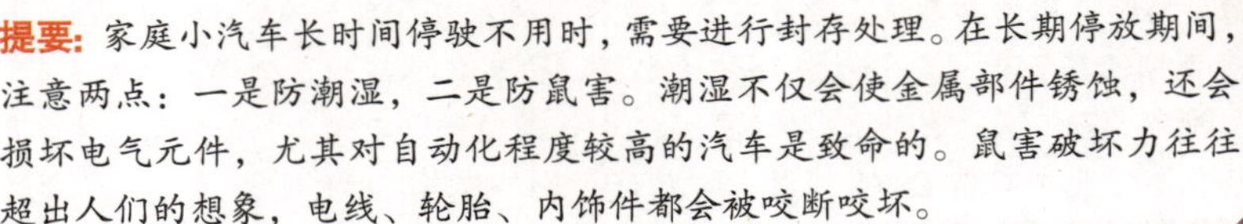

提要：家庭小汽车长时间停驶不用时，需要进行封存处理。在长期停放期间，注意两点：一是防潮湿，二是防鼠害。潮湿不仅会使金属部件锈蚀，还会损坏电气元件，尤其对自动化程度较高的汽车是致命的。鼠害破坏力往往超出人们的想象，电线、轮胎、内饰件都会被咬断咬坏。

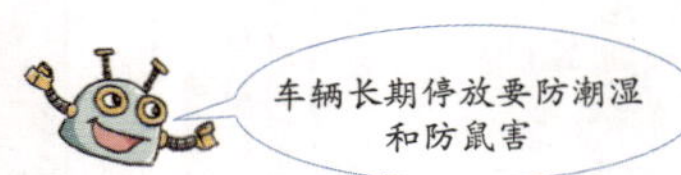

●汽车封存前将蓄电池表面积垢清除，将导线接头与柱头涂上凡士林油，以防腐蚀，封存后每月检查一次。封存期间要根据停驶时间的长短进行维护。

●停驶3个月以上时，要对发动机进行封存，润滑全部润滑点，松开风扇传动带，放干净汽油，并进行防锈除锈等。封存后每月起动发动机一次，急速运转数分钟检查运行情况。

●长时间封存停放的小汽车，最好将四轮用专用工具支起，让轮胎离开地面。封存后每月检查轮胎气压一次，根据情况补充充气。

●解除封存时，除去封存用油脂，安装好蓄电池；拆除空气滤清器的密封；拆除排气管、变速器及后桥通气孔的封存物；调整风扇和空压机传动带松紧度等。解除封存后，对所有润滑点进行润滑，检查蓄电池充电状况，加注发动机冷却液；起动发动机检查燃油供给系和工况是否正常。

教练支招：汽车长期停放应注意事项：要把蓄电池上的电缆线拆下来，注意整车的防尘和防潮。最好每隔2～3个月起动运转发动机10余分钟；机油就算长期停放不用，最好一年内至少更换一次。

88 夏季如何做好车辆维护？

提要： 进入夏季，通常要做的维护工作有拆除发动机附加的保温装置；更换夏季用机油、齿轮油；换用稠度较高的轴承润滑脂；检查百叶窗、冷却液、空调等机件是否正常；发现故障及时排除。

●夏季对轮胎的维护和气压检查尤为重要。要经常测量轮胎气压，如果在车上准备一个气压表就会很方便。冷车测量气压值一般要在说明书规定的范围内；热车测量气压值升高 0.8 ~1.0 巴（1 巴 =10^5 帕），属于正常范围。

●夏季加燃油时不能加注太满，油箱油面也不能过低。油箱里的燃油在炎热的环境中会膨胀，挥发速度也加快，燃油加得很满，很容易发生危险。电喷发动机的汽油泵是靠汽油冷却，汽油液面过低，会造成汽油泵负荷加大，容易导致汽油泵损坏。

●进入夏日雨季，要经常检查刮水器的功能，发现刮水器片刮不干净、挡风玻璃上有积水或者刮片开始脱落，要及时更换，以防遇到下雨时刮水效果不佳影响视线。在夏天长期日晒条件下，要经常喷玻璃清洗液并短时间开启刮水器，避免刮水片因温度过高脱胶及贴住玻璃，导致失效。

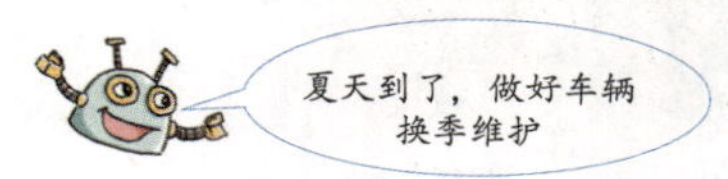

小知识： 给小汽车的门窗及风挡玻璃贴膜是一种有效防止太阳暴晒的方法。优质车膜不但可以有效地反射光线，还能够阻隔太阳光中的紫外线，有效降低车内温度。

八 车辆维护与修理

89 冬季如何做好车辆维护?

提要: 进入冬季之前，为让车辆保持良好性能，要做一次专业维护。重点检查防冻液是否合适并充足，蓄电池能否正常工作，胎压是否正常，胎面花纹厚度是否达到标准，汽车刮水器和车灯工作是否正常，及时补充防冻液、并加满车窗玻璃清洗液。

●根据车辆所在地区的气候条件，按生产厂商的规定，及时换用冬季机油、齿轮油和稠度较低的轴承润滑脂，以确保低温天气下车辆能顺利起动和行驶。清除水箱、冷却系统锈垢；补充或更换防冻液；维护蓄电池，清除蓄电池桩头上的氧化物。

●检查和调试暖风系统，最好到维修厂对汽车的暖风系统进行检查和清洁，确保进入寒冷天气能正常运行。冬季更换座套及脚垫等用品时，最好选用防静电材料的制品。给车打蜡时，选用专门防静电的车蜡。

●对挡风玻璃刮水器进行清洁、维护，根据使用说明书或当地的最低温度选择玻璃清洁液。选择的清洁液，最好含有除冰成分，能保证刮水器在当地最低气温条件下可以正常工作，不会出现结冰。

●寒冷天气，橡胶受冷以后，弹性与强度都会大大降低，摩擦系数随之减小。对轮胎的维护尤其重要，要适当降低轮胎气压，以加大接地面积，及时清理轮胎花纹里的杂物，保证高效的制动效果。

教练支招: 冬季在冰雪地面上长时间停车，轮胎易与地面冻结，导致操作和起步困难。停车时间过长应注意选择适当地点或在轮胎下垫木板、树枝或柴草等物件。

90 雨后对汽车要做哪些维护？

提要： 大雨过后，如果不对小车进行相应的维护，很容易引发车辆表面漆损、发动机故障等，还会出现其他问题。因此，在雨后要对车辆进行一些维护和处置。灯光是车辆安全的一种保证，模糊灯光容易引发安全事故，雨后对汽车灯光维护更应引起注意。

●雨后要做好车身清洗。人们常误以为雨天是老天免费给车辆做清洗，其实不然，雨后更要把车清洗干净。因为雨水中多含酸性物质，会腐蚀车漆的外层亮膜。此外雨水中还夹杂一些肉眼看不到的灰尘及腐蚀性物质，经阳光照射后会衍生出大量的氧化物，不及时清除会加速车身漆面老化。

●要谨防发动机不易起动。雨后常会出现汽车发动机有气无力，不易起动等问题，这可能是因为点火系统受潮漏电。一旦发现是因为点火系统的潮湿而造成点火不良、发动机性能下降的话，可以暂时用干纸巾或干布把分电盘内外及电线等擦干。如果是因为老化漏电一定要及时更换。

●要及时处理大灯内的雾水。雨天行车容易导致前照灯进水，不但亮度受到影响，还会使车灯的照射方向发生改变，给行车安全带来隐患。若雨后发现灯内有水雾，可将前照灯的远光灯开启。1 小时后观察车灯内水雾是否消失，如果消失，就是灯泡座密封不严引起漏水。如果水雾不散，就有可能是大灯罩的粘接处出了问题，需要把灯罩粘接处清洗干净，风干后重新密封。也可选择到专业的汽车维修店修理。

小知识： 雨天过后，车内容易发生霉变，不及时清除会让人感觉很不舒服，可能引发疾病。出现霉变情况，应将暖风调至最大，开 20 分钟左右，让车内的湿气迅速蒸发；或者在阳光下打开车门和行李舱，彻底通风排湿。最好不要用香水掩盖霉味，因为有些霉味正是由香水引起的。

91 车辆几个常见问题应如何处理？

提要：车辆在日常使用中会出现各种问题，相当一部分需要在进行维修时由专业人员处理。作为普通驾驶人，对一些常见的车辆故障的知识应有所了解，出现问题能够心中有数，有些可以自己简单处理。

●发动机作为汽车的“心脏”，需要重点“保护”。如果碰到水箱“开锅”，应立即停车，打开发动机罩散热，并将发动机熄火。如冷却液量不足，应降温后再开启水箱盖添加，以防汽缸盖因骤然受冷而受损。发动机产生积碳，影响动力性，除应选择符合标准的燃油和润滑油外，每月还应适当高速运转一段时间，使燃烧室积碳排除。

●车辆空调机的维护主要是加注制冷剂，清洗除菌。加注制冷剂必须按规定的型号和数量添加，冷凝板应经常拆下冲洗。使用空调清洁剂时，需先关闭空调主机，向车内出风口喷入，静待5分钟即可，清洁后的车辆注意开窗通风。

●汽车刮水器关乎雨雪天气的安全行驶，如其不能工作，可检修排除。①刮水器无慢速挡，用更换开关盒、电控单元方法排除。②不能回到初始位置，用更换开关、汽车刮水器、调整连接装置的方法排除。③使用过程噪声过大，可能是连接装置松动、电动机过度磨损，用调整或更换办法排除。④喷水装置不喷水，用维修线路、更换开关、清理喷水喷嘴的方法排除。

小知识：汽车上用螺栓、螺母联接的紧固件很多，应保证足够预紧力，但又不能拧得过紧。若过紧，一方面会使连接件在外力作用下产生永久变形；另一方面会使螺栓产生拉伸永久变形，使螺栓预紧力反而下降，造成滑扣或断裂现象。

92 自动挡车型维护时要注意哪些问题？

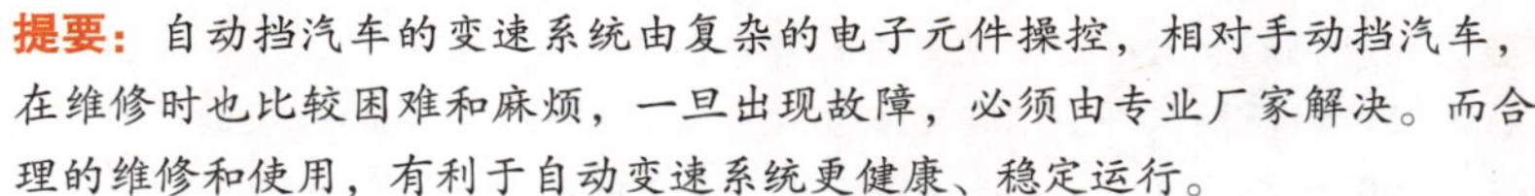

提要： 自动挡汽车的变速系统由复杂的电子元件操控，相对手动挡汽车，在维修时也比较困难和麻烦，一旦出现故障，必须由专业厂家解决。而合理的维修和使用，有利于自动变速系统更健康、稳定运行。

●要经常检查自动变速器油液位高度是否正常。自动变速器油的检查方法，与发动机机油在冷车状态下检查不同，自动变速器油是需要将油预热到 50℃左右，再将挡位杆在各挡位停留 2 秒钟后置于停车挡，此时油尺正常油面应位于最高与最低线之间，如不够，应及时添加相同品质的自动变速器油品。

●正确地更换自动变速器油。目前较好的换油方法是动态换油，采用专用的变速器清洗设备，在变速器运转的过程中，将旧油充分循环，排放干净后再加入新的变速器油。从而使换油率高达 90% 以上，可以保证良好的换油效果。

●掌握好更换自动变速器油的周期。自动变速器内部控制机构非常精密，配合间隙小，工作温度一般在 120 摄氏度左右，因此对油品的质量、清洁度都要求很高。特别是变速器油使用一段时间产生油垢后，会影响系统油压、动力传递，还会使各阀体移动不畅，出现异常。建议自动变速器油以两年或行驶 4~6 万公里为一周期进行更换。

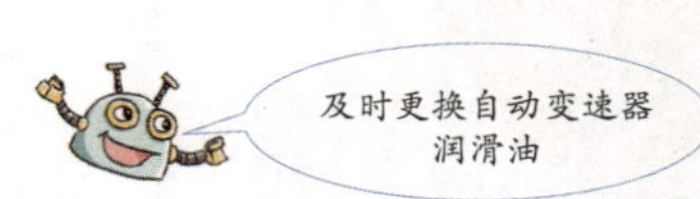

特别提示： 自动挡汽车维修时要严格按照维修手册上的介绍执行，遇到不懂的情况千万不要自己私下去处理。要到专门的维修店和 4S 店去咨询专业的人士。最好的维修方法是平时正确的使用汽车，随时留意汽车的整体情况。

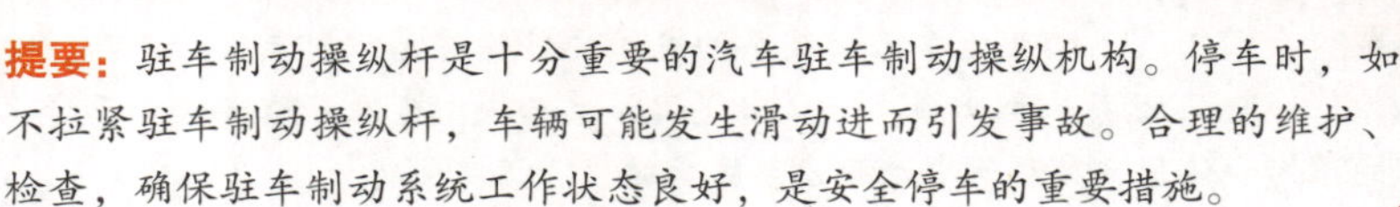

93 如何正确使用和维护汽车驻车制动系统？

提要：驻车制动操纵杆是十分重要的汽车驻车制动操纵机构。停车时，如不拉紧驻车制动操纵杆，车辆可能发生滑动进而引发事故。合理的维护、检查，确保驻车制动系统工作状态良好，是安全停车的重要措施。

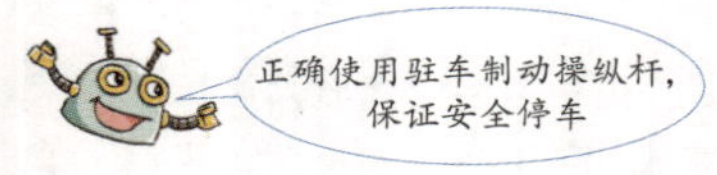

●要了解确定驻车制动操纵杆的工作位置。与行车制动踏板一样，驻车制动操纵杆也有一个拉动的行程。通常当驻车制动操纵杆提拉到整个行程的 70% 时，驻车制动系统就应该处于正常的制动位置了。可将汽车停在比较安全的地方，慢慢拉起驻车制动操纵杆，边拉边数棘轮发出的咔嗒声，直到手柄拉到尽头为止。然后算出响声总数的 70% 位置，这就是驻车制动操纵杆的有效工作点。

●要时常有意识地检查驻车制动机构的效能。把汽车开到坡度较大、路面状况良好（最好是沥青路）的斜坡上，踩住制动踏板，挂空挡（如果是自动变速则挂在 N 挡），将驻车制动操纵杆拉到刚才确定的工作点位置。然后慢慢松开制动踏板，如果汽车没有发生滑动，就说明驻车制动的效能良好。上坡和下坡应该各做一次。

●要测试驻车制动的灵敏度。除了制动效能外，还应该检查驻车制动的灵敏度，这对斜坡起步特别重要。在没有坡度的路面上慢速行驶，缓缓地提拉驻车制动操纵杆，感觉一下驻车制动操纵杆的灵敏度和接合点。这种检查方法会使驻车制动摩擦片磨损，所以检查的次数不宜太多。如发现灵敏度有问题，请专业维修人员调试处理。

特别提示：高速行驶莫用驻车制动。有许多人认为遇上制动系统失灵，可以拉动驻车制动操纵杆来减速。但由于驻车制动效能有限，正确的做法是，首先通过变速器降挡来减速，直到车速很低时才能拉动驻车制动操纵杆将车停住。

94 汽车修理的种类和原则有哪些？

提要：汽车修理是为恢复汽车完好技术状况、工作能力和延长使用寿命而进行的作业。汽车修理应贯彻视情修理的原则，即：根据汽车检测诊断和技术鉴定的结果，视情况按不同作业范围和深度进行．它分为车辆大修、总成大修和车辆小修。

●汽车小修，是指用修理或更换个别零部件的方法，保证和恢复汽车工作能力的修理。主要是消除汽车在运行过程中或维护作业过程中发生或发现的故障或隐患。

●总成大修，是指汽车总成经过一定使用里程后，用修理或更换总成的方法恢复完好技术状况和整车使用寿命的恢复性修理。

●汽车大修，是指车辆行驶一定里程后（约 30 万公里），经过检测诊断和技术鉴定，用修理或更换汽车发动机、变速器等主要总成的方法恢复汽车完好状况，恢复汽车使用性能的恢复性修理。

特别提示：车辆维修要从实际出发，应根据汽车各部件的使用寿命和使用过程的情况进行。主要是消除故障隐患，保证各部件运行状况良好。视情适时修理很重要，既要防止拖延修理造成车况恶化，又要防止提前修理造成浪费。

95 送修时如何选择汽车修理厂家？

提要：车辆送修选择的修理厂家须具有合法有效的维修许可证、营业执照。一方面此类厂家修理人员素质高、业务能力强，拥有专用设备和检测仪器。另一方面可提供纯正的原厂配件或同质配件，达到修理价格合理、质量优良的目的。

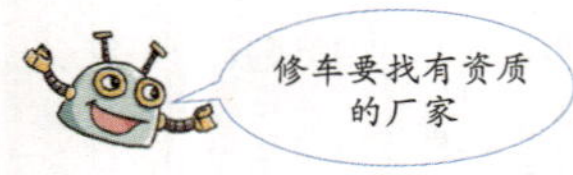

●要选择有一定修理规模、技术力量强、配备了必要检测维修设备、拥有相关的汽车维修技术资料、并有质量承诺的修理厂家。再就是视修理项目选择强项修理厂家，尽量选择行业管理部门树立的“用户信得过汽车维修企业”。

●车辆送厂维修时，要向厂家如实地介绍车辆的运行技术状况，询问清楚修车竣工时间、维修项目、价格、修理质量、服务承诺等情况，并与厂家协商好有关事宜再签订维修合同。

●选择好维修零配件。新车最好使用原厂零件，老旧车也要尽可能选用同质件及质量好的副厂件。修车期间可在修理厂察看进度和质量情况，但不要自作专家，不要提一些不合实际的要求，不可与厂家采取敌对态度，遇事要多协商，文明礼貌，和谐共赢。

特别提示：汽车修理必须送到有资质的专业修理厂家实施，按国家有关规定及汽车修理技术标准进行，确保修理质量。选择修理厂家主要从技术质量和配件性价比进行考量，建议新车和高档车优选该型车的特约维修企业，使用 2 ~ 3 年后的其他车辆可考虑到就近或省钱的维修企业送修。

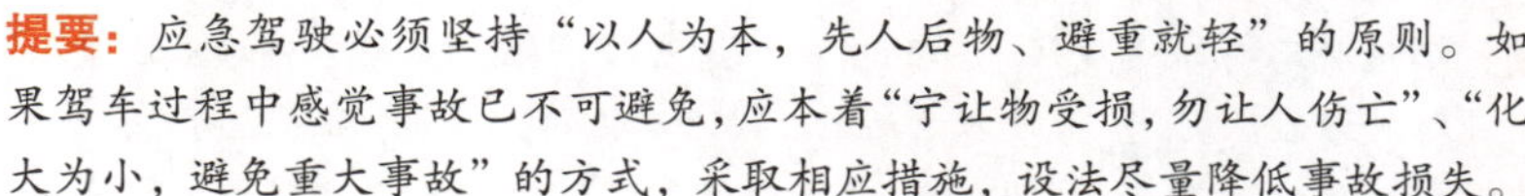

96 应急驾驶应坚持哪些安全原则?

提要：应急驾驶必须坚持“以人为本，先人后物、避重就轻”的原则。如果驾车过程中感觉事故已不可避免，应本着“宁让物受损，勿让人伤亡”、“化大为小，避免重大事故”的方式，采取相应措施，设法尽量降低事故损失。

●应急驾驶必须坚持冷静判断、果断处置的原则。遇到紧急情况千万不要慌张，应保持清醒头脑，迅速判断原因，以准确的判断力、良好的应变能力处理问题。

●应急驾驶必须坚持“预防为主、规避风险”的原则。要勤于观察，辨识风险，预见驾驶，做到“三不”，即：“不伤害他人、不伤害自己、不被他人伤害”。必须保持“礼让三先，文明驾驶”的道德准则，处处考虑和尊敬他人的安全，时刻关注“老弱病残孕”等弱势群体的安全。

●行车中可能会遇到各种各样的紧急情况，如果采取措施不当，极易发生交通事故。驾驶人要正确掌握应急驾驶方法，按照应急驾驶原则，及时处理突发事件，有效地避免事故发生。

教练提示：驾驶人通过行车实践，不断积累经验，掌握高超的驾驶技巧，就能及时处理行车中遇到的各种问题，将事故率降到最低点。比如：在雨雪天驾驶时，要与前车保持足够距离，减速慢行，需要制动时，踩制动踏板时一定要轻柔等。

97 高速公路上如何紧急避险？

提要：高速公路行车速度快，一旦出事，危险程度很大。高速公路出现紧急情况时的避险原则是“先避人后避物，减速不转向”。不要轻易转向避让，采取制动减速，使车辆在碰撞前停止或低速行进状态，减轻碰撞力，防止车辆失控，将损坏程度降至最低。

●在高速公路驾驶过程中遇到突发的情况，千万不要惊慌失措，应冷静沉着，采取正确的应对措施，化险为夷或尽可能地把损失降到最低。比如，在行驶时，遇前方有人或动物突然横穿公路时，要果断采取制动避让措施，不应超过必要的限度，造成不应有的损害。

●在高速公路行车过程中，发现车辆故障或事故须停车检查处理时，应逐渐向右变更车道，在紧急停车带停车。停车后应按规定使用危险报警闪光灯示警，并在来车方向 150 米处放置故障车警告标志，提醒后方来车注意。

●在应急车道紧急停车，驾乘人员不得滞留车内，应迅速转移至车辆右后侧护栏以外避险，并迅速报警，等候救援。严禁在行车道上抢修车辆。车辆因故障暂时不能离开应急车道或路肩时，相关人员要撤离高速公路后报警，不能因紧急避险造成二次事故或更大损失。

●面临紧急情况，可充分利用高速公路紧急停车带这样的交通安全设施。平时要了解所行驶路段紧急停车带的分布，如不熟悉，则要注意看交通标志。为确保安全，更应了解所行驶路段的路况，比如上下坡路段、事故多发点等。

小知识：汽车保险杠是吸收缓和外界冲击力、防护车身前后部的安全装置。主要部件为前防撞横梁，是首先起到防撞和吸能作用的部件。防撞钢梁为冷轧钢板冲压而成的 U 形槽，与车架纵梁连接，作为汽车被动安全的第一道屏障。

98 即将发生撞车事故如何应急处置？

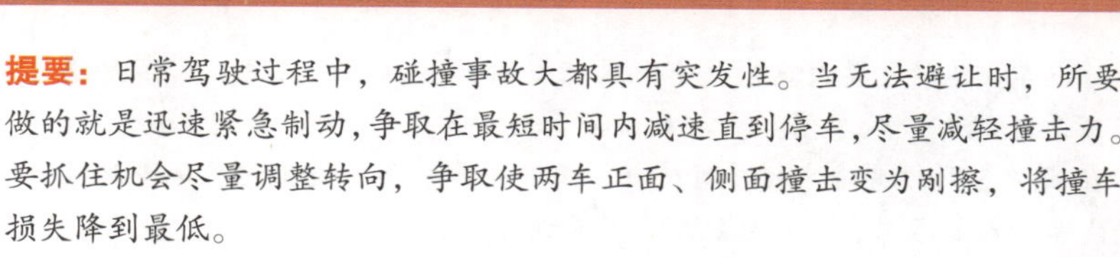

提要： 日常驾驶过程中，碰撞事故大都具有突发性。当无法避让时，所要做的就是迅速紧急制动，争取在最短时间内减速直到停车，尽量减轻撞击力。要抓住机会尽量调整转向，争取使两车正面、侧面撞击变为剐擦，将撞车损失降到最低。

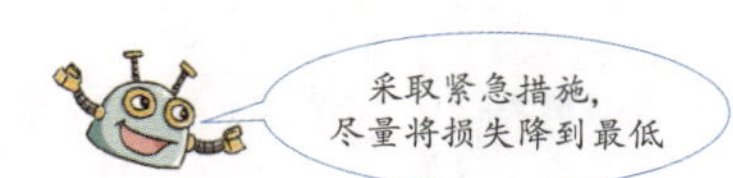

●在车速较高并可能与前方车辆发生碰撞时，驾驶人要先紧急制动减速，后转向尽量避让。可能撞车时，车上人员千万不要大喊大叫，应该闭紧嘴巴，咬紧牙关，抱住头部躺在座位上；或者双手握拳，用手腕护住前额同时屈身抬膝护住腹部和胸部，做好保护好头、颈椎和内脏器官动作。

●正面碰撞一般会造成车头扁瘪。当撞击点在副驾驶一侧或撞击力较小时，驾驶员要用手臂支撑转向盘，两腿向前蹬直，身体向后倾斜，以免头部撞到前挡风玻璃上。当撞击部位在驾驶员的前部或撞击力很大时，驾驶员应迅速躲离转向盘，将腿抬起，以避免身体被转向盘挤压。

●如果无法避免驾驶室部位与来车相撞，驾驶人应迅速往另一侧躲避，同时用手把握转向盘，以便控制车辆并借助转向盘稳定身体。如是侧面相碰擦，驾驶人要迅速将转向盘向外侧稍转，接着再回转一点，使车与对方车辆分开，以免加剧碰擦面积，造成更大的损坏。此时车厢左边的人员应迅速向车的右侧挤靠，以免车壳变形挤伤。

小知识： 当意识到撞车可能导致将自己抛出车外时，应沉着冷静。在被抛出的瞬间，猛蹬双腿，增大离开撞车危险区的距离。落地时，用双手抱头，顺势向惯性力的方向滚动，以减轻落地时的冲击。尽可能躲开车体，以免被车辆碾压。

99 发生车辆追尾如何应急处置？

提要：汽车“追尾”是交通事故中出现较多的一类。一般发生在前车紧急停车或急减速时，后车跟车太近反应不及时，停不住车而撞击前车引发。通常在城区看到的追尾事故并不严重，而在高速公路上发生的追尾事故就会造成车毁人亡后果，甚至可能发生多车连环相撞。

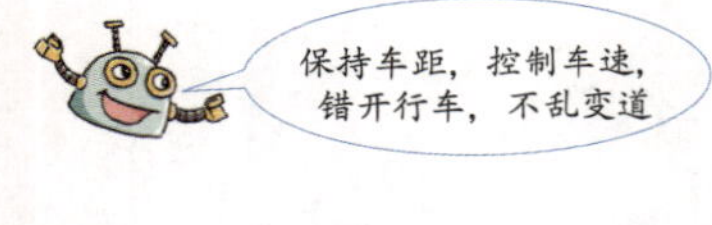

●驾驶人发现追尾碰撞不可避免时，应尽量减轻撞击力，争取在撞击前的一刹那稳定身体。在安全带拉紧的情况下，车内乘员曲体，双臂抱大腿；驾驶人应紧靠椅背，双手置于脑后护住颈部，护住头部，双腿钩住离合器和制动器踏板以减轻伤害。

●发生追尾事故，驾驶人须立即停车，开启双闪危险报警灯，并在车后设置警告标志。如果没有造成人员伤亡的，双方可用手机拍下事故现场（注意：一定将两车、标志线拍进去，能够一眼看出故障现场情况）。如对事故责任无争议，可将车辆移至路边，当事人协商或通过保险公司商洽赔偿事宜。如果造成人员伤亡的，应保护现场，立即抢救受伤人员，并迅速报警。

●行车时防止追尾的方法有：一是错开行车，在车流中不要整齐对准前车行进，错开一个合适距离，容易看到前车动态，提前做好应急准备。二是保持纵向安全车距，比如高速公路行车时速超过 100 公里 / 小时，应与前车保持 100 米以上的安全车距。三是尽量使用轻踩制动踏板制动，同样可以把车速控制下来，也能有效提醒后车减速。四是不乱变道，养成良好的驾车习惯，减少冲突危险的可能性。

特别提示：三车追尾责任划分为第一辆车无责；第二辆车的负责是第一辆车的损失和自己车前部的损失；最后一辆车负责第二辆车后部的损失及自己车的损失。无人员伤亡的，当事人对事故原因及责任无争议的，应按快速处理程序当场解决。

100 发生车辆倾翻如何应急处置？

提要：造成车辆倾翻情形多种多样，如高速行驶时，车辆在转向失控的情况下紧急制动；急转弯时速度快，离心力过大；在泥泞路、冰雪路面行驶操作不当等。防止车辆倾翻的措施有：操作规范，控制车速，保持车距，制动不要过猛，转弯不要过急，维修好车辆等。

●将要翻车时，驾驶人及随车人员都要保持镇静，深呼吸，闭紧嘴巴，咬紧牙关，驾驶人应双腿弯曲，用力分别蹬住转向盘两侧面板；其他人员应用双手用力撑住车顶，使身体固定，随着车体翻转。翻车事故最容易造成人员伤亡，应采取有效的自救措施，死里逃生。

●车辆倾翻的瞬间，如有机会跳车，应向车辆运行方向的后方或侧向跳跃，否则会在跳出车外后，又被车体重新压上。跳出车外落地时，应力争双手抱头顺势多滚动一段距离，以躲开车体，增大离开危险区的距离。

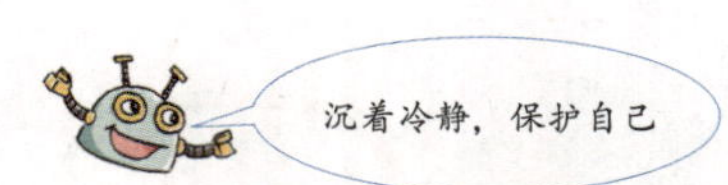

●如果车辆向深沟连续翻滚时，驾驶人身体应迅速躲向座椅前下方，抓住转向柱管等将身体稳住，避免身体滚动受伤或被甩出车外。当觉得身体基本可以撑住时，应尝试解开安全带；确认旁边没有车辆通过，打开车门，爬出车外。车门无法打开，可砸碎车窗玻璃逃生。

特别提示：翻车后，车内燃油极易外泄，此时应避免一切明火，并及时切断汽车电源。条件允许的，还应卸下蓄电池，放出燃油箱内的燃油，用容器装好，以防引起火灾。

101 车辆转向失控时如何应急处置？

提要： 发现转向突然失灵时，应尽快减速。在采取制动措施的同时，应及时开启危险警告闪光灯、按喇叭等方式，向其他车辆和行人发出警告，把危险信息传递出去，提醒道路上其他车辆及行人注意避让。

●所驾驶的车辆转向系统发现故障和故障苗头时，要立即停车查明原因，排除故障。转向故障是重大安全隐患，发现问题及时处理，修好后再使用，严禁带病行驶。

●转向失控后，若车辆偏离直线行驶方向，应果断地连续踩踏、放松制动踏板，使车辆尽快减速停车。事故已经无可避免时，也应尽快减速，极力缩短停车距离，减轻撞车速度。

●高速行驶的车辆在转向失控的情况下紧急制动停车，很容易造成翻车。车辆在转向突然失控后，若前方道路条件能够保持直线行驶，要迅速开启危险报警闪光灯，采取抢挂低速挡或合理使用行车制动和驻车制动减速停车，避免紧急制动。否则，车辆容易产生侧滑甚至侧翻。

驾驶心得： 转向失控发生在路况较好的公路上，可利用行车、驻车制动和降挡并用的办法降低车速。在使用制动降低车速的同时，应对车辆周围的行人和车辆发出危险警示，如按喇叭、开启危险报警闪光灯等。转向锁死或无力时，应轻踩制动踏板，不可紧急制动。

102 车辆制动失效时如何应急处置？

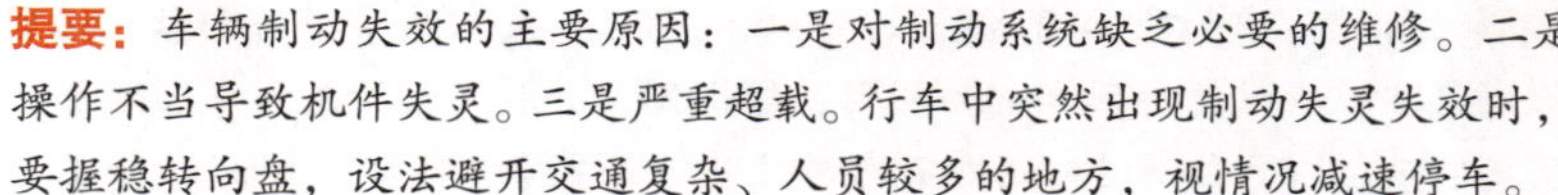

提要：车辆制动失效的主要原因：一是对制动系统缺乏必要的维修。二是操作不当导致机件失灵。三是严重超载。行车中突然出现制动失灵失效时，要握稳转向盘，设法避开交通复杂、人员较多的地方，视情况减速停车。

●驾驶时发现制动失效，应立即松抬加速踏板，变速器挂低速挡实施发动机牵阻制动，尽可能利用转向避开人员及障碍物。如是液压制动车辆，可试着连续多次快速踩制动踏板，积聚制动力，并可利用抢挡或拉动驻车制动操纵杆减速，使汽车驶向路边安全地带停车。

●上坡时出现制动失灵，应适时降为中低速挡，保持足够的动力驶上坡顶停车。如需半坡停车，应保持前进低速挡位，拉紧驻车制动操纵杆，随车人员及时用石块、垫木等物件卡住车轮。如有后滑现象，车尾应朝向山坡或安全一面，并开启前照灯和危险报警闪光灯，引起前后车辆的注意。

●下坡路行驶中制动突然失效时，要准确减挡，利用发动机牵阻作用控制车速，迅速减速停车或向上坡道方向行驶。在不得已的情况下，可利用车的保险杠、车身等刚性部位剐撞山坡、路旁的岩石或树木，迫使车辆减速停车以脱险。

教练支招：避免制动失效的预防措施：①行车前注意检查制动踏板的自由行程。②定期对制动管路、制动液、制动控制阀等进行维护检查。③经常检查制动液的存量并及时补充添加。④行驶中若感到制动有异样时，应立即停车检修。⑤行车时正确使用制动器，防止出现热衰退现象。

103 发生车辆爆胎时如何应急处置？

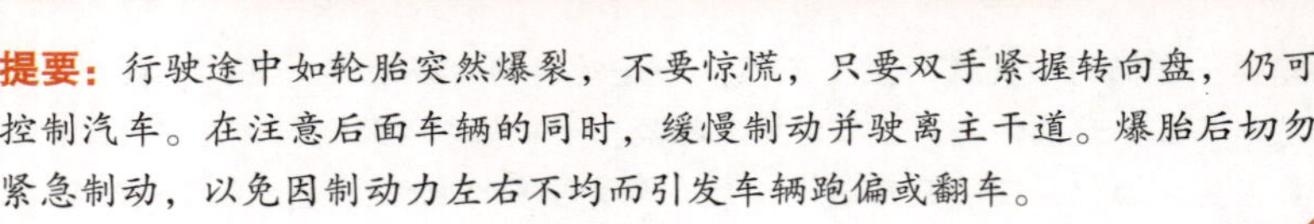

提要： 行驶途中如轮胎突然爆裂，不要惊慌，只要双手紧握转向盘，仍可控制汽车。在注意后面车辆的同时，缓慢制动并驶离主干道。爆胎后切勿紧急制动，以免因制动力左右不均而引发车辆跑偏或翻车。

●轮胎气压过低易导致爆胎。因此，如发现轮胎漏气或气压过低，要缓慢制动减速，将车辆驶离主车道。减速时不要采用紧急制动，以免造成翻车或后车制动不及导致追尾事故。

●当意识到可能爆胎时，应紧握转向盘，尽力抵住转向盘的自行转动，松抬加速踏板，控制车辆沿直线方向行驶。发生爆胎时，首先需要注意的是汽车行驶方向，不能大角度转动转向盘；其次为制动，千万不要猛踩制动踏板不放；再就是挡位，用抢挂低速挡措施减速停车。

●遇到突然爆胎，要保持镇静，把握转向盘，缓抬加速踏板，轻踏制动踏板，缓慢减速，尽快平稳停车。后轮爆裂时，先控制行驶方向并慢慢减速。前轮爆胎时，在控制住行驶方向后，采取低挡减速停车。发生爆胎后，在尚未控制住车速前，如使用行车制动器紧急停车，会造成车辆横甩而发生更大的险情。

驾驶心得： 发生爆胎时，不得急转转向盘，让车辆在原来车道上自然减速，开启危险警告闪光灯提醒后方车辆不要靠近。待车速自然慢下来以后，再注意观察后视镜，确认后方无车，再轻转转向盘靠边停车。

104 车辆自燃时如何急救？

提要：汽车在没有任何先兆的情况下，突发自燃事故，有可能是线路故障、燃油泄漏引发；也有可能是维修不善以及长时间高温行驶引发。一旦发生自燃，应尽快靠边停车，关闭发动机，第一时间组织车上人员迅速下车，往安全区域撤离。

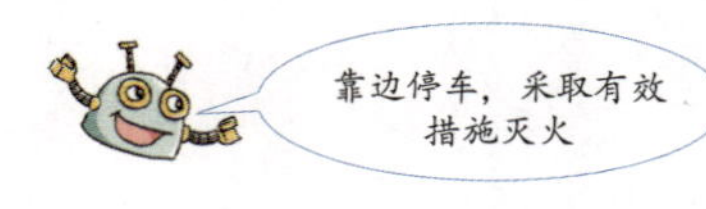

●如果发现车头部分冒出火苗或者黑烟时，可能是发动机着火，立即靠边停车，关闭发动机。下车后马上拿出灭火器，查看火情，并使用灭火器，先从车身通气孔、散热器及车底进行灭火。不要贸然打开汽车发动机罩，或可先开条小缝，再慢慢全部打开，用灭火器进行扑救。

●当燃油着火，火焰逼近车内乘客而无法躲避时，迅速用棉麻面料衣物遮好暴露在外的皮肤，果断用身体猛压火焰，冲出着火车辆。衣服着火时，不能用水浇或拍打方法灭火，应用干粉灭火器或用砂、土覆盖灭火。因翻车、撞车等车祸而引起火灾时，应迅速打开车门，疏散车上人员，抢救伤员，必要时可砸碎门窗紧急逃生。

●火势较大时，应设法将车辆迅速驶向人员稀少的空旷地带，远离加油站、建筑物、高压电线、树木及其他易燃物品。灭火时，应站在上风处，除去身上的化纤服装，以防灼伤皮肤。不要张嘴呼吸或大声叫喊，以免烟火灼伤上呼吸道。

小知识：车载灭火器的使用方法：去掉灭火器压把根部的铅封，拔掉压把根部的保险销，先将喷嘴对准燃烧处，用力握紧开启压把，使灭火器喷射。要对准火焰根部由近而远并左右扫射，向前快速推进，直至火焰全部扑灭。

105 车辆落水时如何急救?

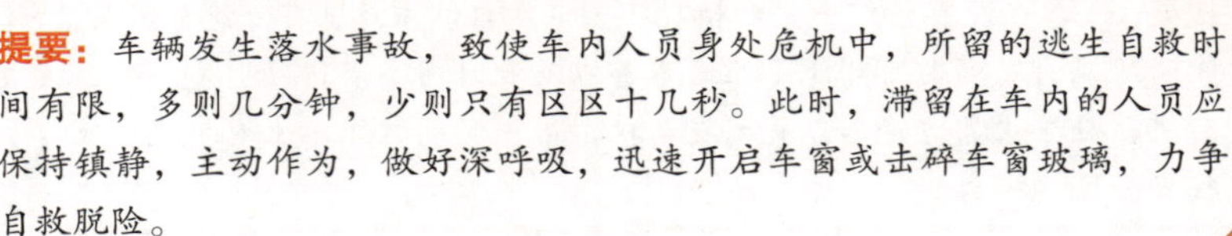

提要：车辆发生落水事故，致使车内人员身处危机中，所留的逃生自救时间有限，多则几分钟，少则只有区区十几秒。此时，滞留在车内的人员应保持镇静，主动作为，做好深呼吸，迅速开启车窗或击碎车窗玻璃，力争自救脱险。

●汽车有一定的密闭防水漏入性能，一旦汽车落入水中，先要解开安全带，马上打开电子中控锁（以防失灵）。如果是刚刚积水，要及时打开车窗，用身体和手脚的力量，打开车门逃生。

●如果车刚入水还未马上沉下去，驾驶人应立即熄火，然后打开车门逃出去。如果车辆迅速沉入水中，这时车身外水的压力很大，车门可能无法开启，可能会在车顶部暂时形成一个小的气室，应利用好这短暂的时间，用锤子敲碎车窗玻璃自救逃生。

●如果水快进入车厢顶时，要做好深呼吸和憋气潜水的准备。当车里和车外水压基本相等或水将淹没头顶时，再深呼吸一口气，破窗或推开车门潜游逃生。

教练支招：从天窗逃生是首选，尤其在车辆入水时最为有用。先试电动开关开启，失败后再用手动开启，手动失败时则用逃生锤。如天窗逃生失败，可选择车尾玻璃窗逃生。一辆车重量主要集中在车前部，沉入水中姿态一般是车头向下，车尾朝上，且车尾窗空间大，浮出水面有更多机会，给逃生留有可能。

106 发生交通事故时如何进行现场处置？

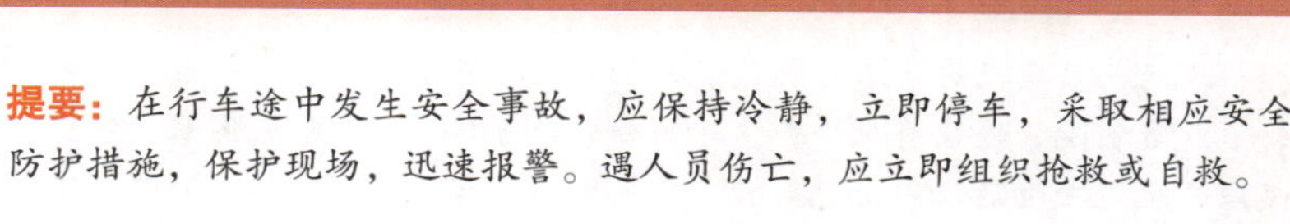

提要：在行车途中发生安全事故，应保持冷静，立即停车，采取相应安全防护措施，保护现场，迅速报警。遇人员伤亡，应立即组织抢救或自救。

●发生交通事故后，首先应开启危险报警闪光灯，在车后设置停车警告标志，提示后方来车注意，同时应将车内人员疏散到路边（如在高速公路，应疏散到波型护栏外较安全处），防止二次事故发生。如发生无人员伤亡的交通事故，属小的汽车剐擦，损失不大，双方责任明确的，拍好现场照片后，将车辆移到安全地带。如车损失较大（预计超过 2000 元以上），应向交警部门报警，并向保险公司报案。

●一旦发生伤亡事故，应及时组织抢救伤员，帮助有关人员脱离危险，在现场开展自救和互救。同时，立即报告公安交警，并向 120 急救中心求助。特别要保护好现场，如需移动伤员，应用粉笔等标注伤员位置。

●处理交通事故时，事故当事人要有担当意识，必须如实向交警陈述事故发生经过，不得隐瞒真实情况。尤其不得为害怕担责而逃逸。法律规定，当事人肇事逃逸，可能面临终身禁驾乃至追究刑事责任的严厉处罚。

法律规定：交通事故责任分为全部责任、主要责任、同等责任、次要责任和无责任。对责任者，应该追究的责任有：刑事责任和民事责任。由当事人的过错导致交通事故的，应承担全部责任。当事人逃逸，造成现场变动，证据灭失，交警部门无法查证事故事实，由逃逸的当事人承担全部责任。

107 事故现场如何抢救伤员？

提要： 现场伤员急救的基本原则是：先抢后救，先重后轻，先救后送，妥善转送就近医院。抢救前应检查伤者的呼吸和脉搏，如有呼吸困难、停止呼吸以及出现心脏跳动停止现象时，有急救知识者可迅速对伤者进行人工呼吸和胸外心脏按压的抢救。

●失血伤者的抢救：迅速准确地进行止血，是有效抢救失血伤员的重要手段。首先通过外部压力使伤口流血止住，然后进行有效包扎。处理失血主要是通过抬高四肢，压紧血管，扎紧绷带，扎住伤口等方法实现。

●骨折伤者的抢救：如果有人员发生骨折时，首先要注意防止伤员发生休克，不要移动身体的骨折部位。如果脊柱可能受损时，一般不要改变受伤者姿势。对具体骨折的部位，要小心包扎，并按受伤发生后的状态保持部位静止。在没有包扎用品的情况下，可就地取材对骨折部位进行固定，以减轻伤者痛苦，便于搬送。要注意不加重断骨对周围组织的损伤，利于伤肢功能的恢复。

●抢救时，如果伤者在车内且无法自行下车时，应设法尽快将其从车内移出。如果伤者在行车道上，应迅速将伤者拖离行车道，移动中要注意不要触及伤者要害部位和伤口。搬运昏迷或有窒息危险的伤员，采用侧卧方式。如被压车轮下要设法移动车辆，根据伤势采取相应的救护方法，切忌拉拽伤者的肢体，避免二次伤害。

法律规定： 交通事故死亡和重伤是指因道路交通事故而造成的人员当场死亡或重伤。7天内抢救无效而死亡的，应统计为交通事故人员死亡。重伤是指骨折等严重的人体伤害。损伤一般是指经医疗人员诊断，需休息一天又不够重伤者。

108 轻微交通事故如何拍照取证？

提要：路上驾车发生车辆剐蹭等轻微交通事故后，为防止造成交通拥堵，当事方可采取简易事故处理程序，即在事故现场拍照取证，以此作为责任划分的依据。要尽快将车辆移开，靠边停放。作为事故证据的照片要求清晰，角度准确。

●拍位置。车前车后各拍一张，车主可站在车前、车后拍照。拍照时，让车在镜头中占 3/4 的大小。重点拍下车轮边、车两边的交通标志线，主要是为方便交警判断事发时，两车在道路上的具体位置。

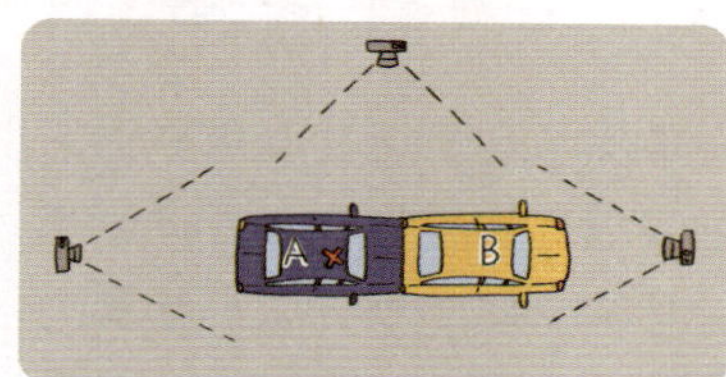

拍侧面：与车前轮垂直对着整车车身拍

●拍侧面。拍摄视角与车辆的车前轮垂直，对着整车车身拍；留下标志参照物，拍下周边的商店、灯杆、路标、树木等。

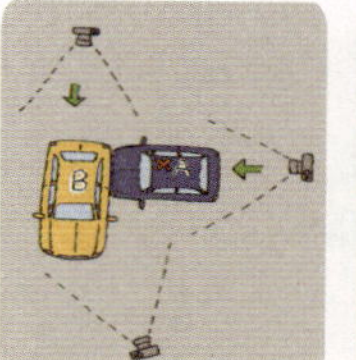

拍位置：
车前车后各拍一张

拍车辆制动痕迹

●拍碰撞点。近距离拍摄，对着碰撞位置进行准确清晰拍摄。如碰撞面积大，可以多拍一张。拍出碰撞深度，剐擦长度（有利于交警了解碰撞和剐擦程度）。

●拍车辆制动痕迹。转到车身后，对着车辆拍摄。一定要将车辆和制动痕迹一并拍下（这对于有制动痕迹的交通事故非常重要）。拍摄前须用粉笔或用砖块把制动在地面上的痕迹标记出来，重点标记制动痕迹和距离，确保痕迹清晰，便于警方判定。

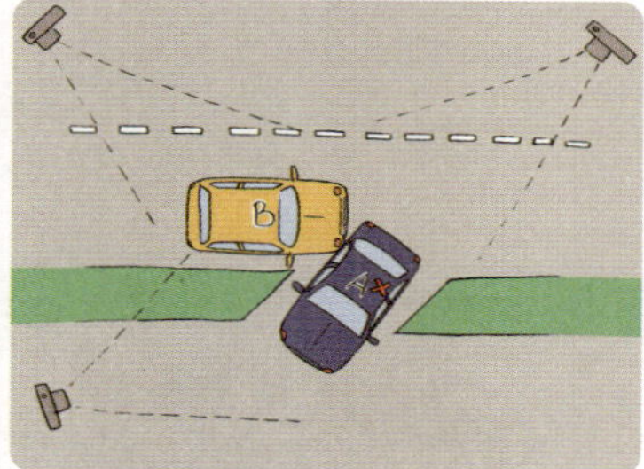

拍碰撞点：近距离对着碰撞位置进行拍摄

●拍车轮位置。走到车侧面，拍停车时车轮位置。用粉笔等标好四轮位置（以便有争议时还原现场）。除车辆制动印记要标明外，车辆 4 个轮子停车时所在位置也要标记下来。这样做也是为在有争议时还原现场提供帮助。

特别提示：发生轻微事故后，如不及时处置，一味将车停留原地占道等待交警处理，可能面临交警部门对事故双方给予占用车道罚款 200 元的罚单。

109 车辆发生损失和事故后如何理赔？

提要： 参加商业保险的车辆发生损害和丢失事故时，应及时向保险公司报案理赔，保险公司接报后会派人到现场查勘、定损、核损，并提出理赔方案。车辆送修时需向维修厂报明定损价格，提供定损清单，维修完毕后凭修车发票索赔。

●保险理赔流程及需提供的主要材料是：出示保险单据、被保险人身份证、行驶证、驾驶证；填写出险报案表，详细填写出险经过，报案人、驾驶人姓名及联系电话；理赔员带领车主检查车辆外观，根据报案内容拍照核损；理赔员开具任务委托单确定维修项目及时间；车主签字认可，将车辆交给具有资质的修理厂维修。

●车主在找救援公司拖车以及找修理厂修车时，有关价格问题要与保险公司及时沟通。车辆送修要向修理厂家报明保险公司确认的定损价格。如存在隐损且没有在初次评估中列明的，应及时联系保险公司进行二次定损。

●受损车辆应根据定损要求到指定地点修车，可自选 4S 店维修，也可以由保险公司推荐维修。车辆修理前被保险人须会同保险公司检验，确定修理项目、修理方式及修理费用。车辆修复后，在支付修理费用和办理领车手续前务必对修理质量进行检验。

特别提示： 事故发生后，应根据车辆受损程度合理理赔，不要随意“私了”。对损失不大，无人员伤亡的，可拍照、撤离现场。填写协议书后，24 小时内共同前往同一保险公司快处快赔服务点查勘定损。损失 2000 元以下，持协议书直接向保险公司理赔；损失在 2000 元以上，经快处快赔服务点保险员与民警核实，开据事故认定书。如果事故较大，车损严重，应立即报警，与交警和保险公司共同解决。

110 交通事故损害如何赔偿和调解？

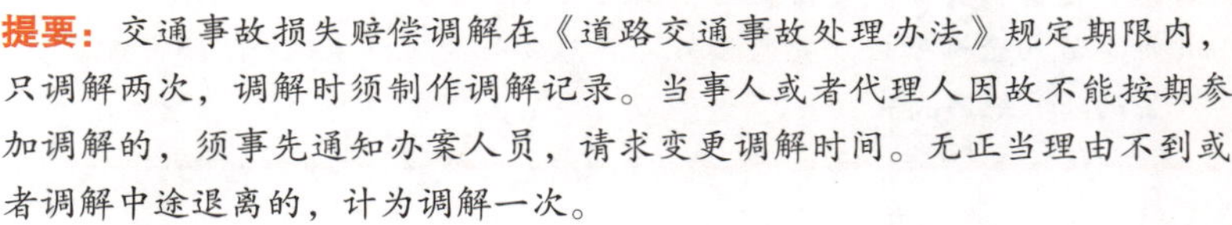

提要：交通事故损失赔偿调解在《道路交通事故处理办法》规定期限内，只调解两次，调解时须制作调解记录。当事人或者代理人因故不能按期参加调解的，须事先通知办案人员，请求变更调解时间。无正当理由不到或者调解中途退离的，计为调解一次。

●发生轻微交通事故，赔偿权利人和当事人可自行协商损害赔偿事宜。当事人已办理车辆保险的，可以根据记录交通事故情况的协议书向保险公司索赔。

●交通事故损害赔偿权利人、义务人一致请求交警部门调解损害赔偿的，可以在收到交通事故认定书之日起 10 日内向交警部门提出书面调解申请。

●交警部门调解交通事故损害赔偿的期限为 10 日。造成人员死亡的，从规定的办理丧葬事宜时间结束之日起开始；造成人员受伤的，从治疗终结之日起开始；因伤致残的，从定残之日起开始；造成财产损失的，从确定损失之日起开始。

●经交警部门调解，当事人未达成协议或调解书生效后不履行的，当事人可以向人民法院提起民事诉讼。

小知识：事故损害赔偿项目包括：医疗费、误工费、住院伙食补贴费、护理费、残疾者生活补助费、残疾用具费、丧葬费、死亡补偿费、被抚养人生活费、交通费、住宿费和财产直接损失等。

附录一 道路交通事故全责图解

导语： 交通事故全责是指交通事故是由其中一方的违章行为引起的，应由其负事故的全部责任，要赔偿另一方，因此次交通事故在人身和财产上所产生的所有经济损失。

在行车过程中，车辆之间也会出现碰撞事故。如果发生下列图中所示 33 种情况之一的，均为 A 车驾驶人全部责任。

1. 追撞前车尾部的。

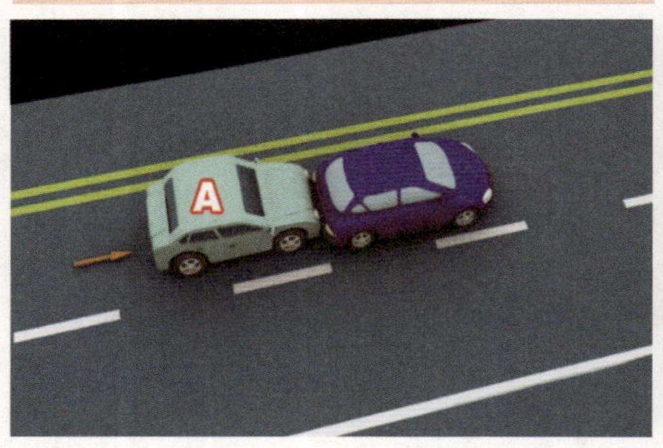

2. 变更车道时，未让正在该车道内行驶的车辆先行的。

3. 通过没有交通信号灯控制或者交通警察指挥的交叉路口时，未让交通标志、交通标线规定优先通行的一方先行的。

4. 通过没有交通信号灯控制或者交通警察指挥的交叉路口时，在交通标志、标线未规定优先通过的路口，未让右方道路的来车先行的 。

5. 通过没有交通信号灯控制或者交通警察指挥的交叉路口，遇相对方向来车，左转弯车未让直行车先行的。

6. 通过没有交通信号灯控制或者交通警察指挥的交叉路口时，相对方向行驶的右转弯车未让左转弯车先行的。

7. 绿灯亮时，转弯车未让被放行的直行车先行的。

8. 红灯亮时，右转弯车未让被放行的车先行的。

9.1. 在没有中心隔离设施或者没有中心线的道路上会车时，有障碍的一方未让无障碍的一方车先行的。

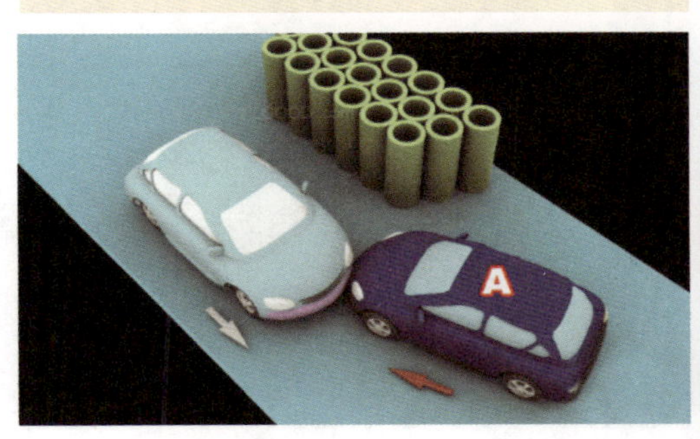

9.2. 在没有中心隔离设施或者没有中心线的道路上会车时，在有障碍的一方已驶入障碍路段，无障碍一方未驶入时，无障碍一方未让有障碍的一方车先行的。

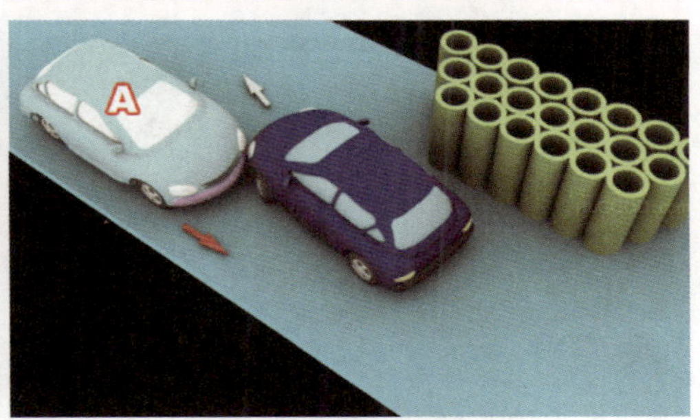

10.1. 在没有中心隔离设施或者没有中心线的道路上会车时，下坡车未让上坡车先行的。

10.2. 在没有中心隔离设施或者没有中心线的道路上会车时，下坡车已行至中途而上坡车未上坡时，上坡车未让下坡车先行的。

11. 在没有中心隔离设施或者没有中心线的狭窄山路会车时，在两车难于同时通过的情况下，靠山体的一方未作减速或停车等避让措施让对方车先行的。

12. 进入环形路口的车未让已在路口内的车先行的。

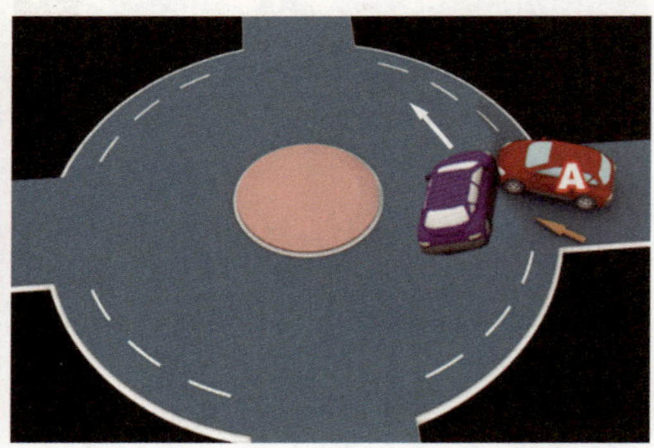

13. 逆向行驶的。

14. 超越前方正在左转弯车的。

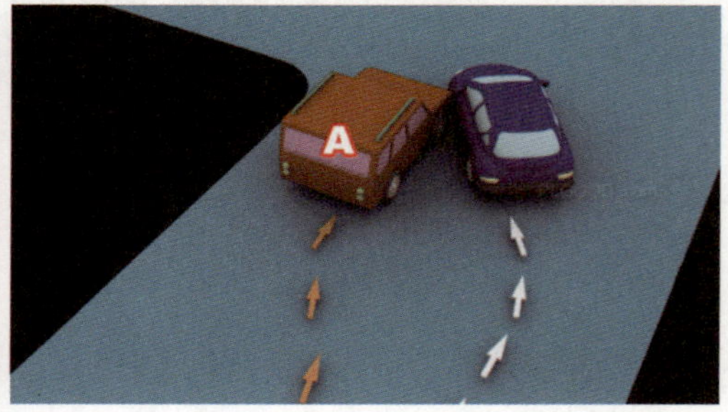

15. 超越前方正在掉头车的。

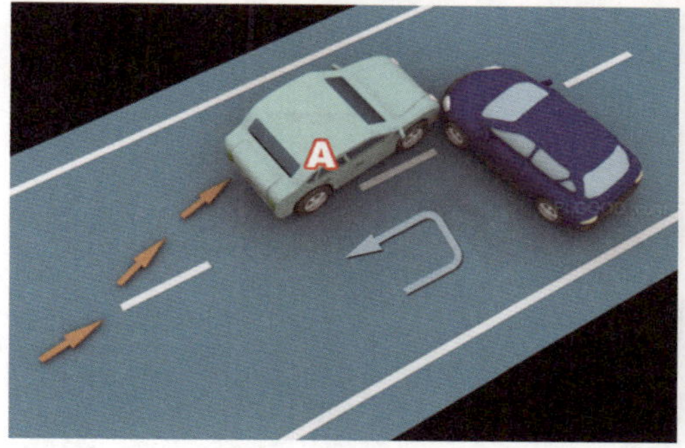

16. 超越前方正在超车的车的。

17. 与对面来车有会车可能时超车的。

18. 在通过没有中心线或者同一方向只有一条机动车道的道路时，从前车右侧超越的。

19.1. 行经交叉路口、窄桥、弯道、陡坡、隧道时超车的。

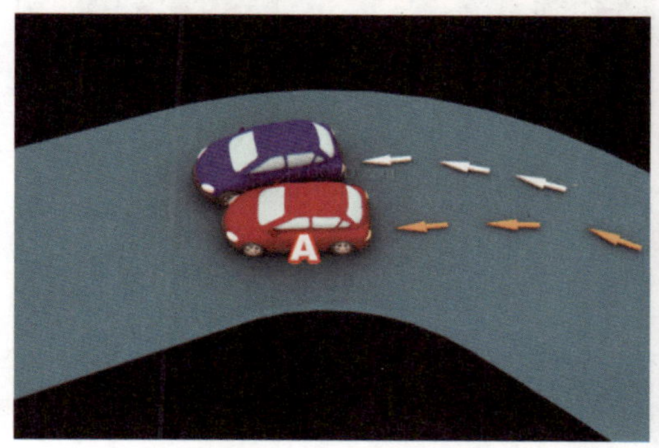

19.2. 行经交叉路口、窄桥、弯道、陡坡、隧道时超车的。

20. 在没有禁止掉头标志、标线的地方掉头时，未让正常行驶车先行的。

21. 在有禁止掉头标志、标线的地方以及在人行横道、桥梁、陡坡、隧道掉头的。

22. 倒车的。

23. 溜车的。

24. 违反规定在专用车道内行驶的。

25. 未按照交通警察指挥通行的。

26. 驶入禁行线的。

27. 红灯亮时，继续通行的。

28. 在机动车道上违法停车的。

29. 装载的货物在遗洒、飘散过程中导致交通事故的。

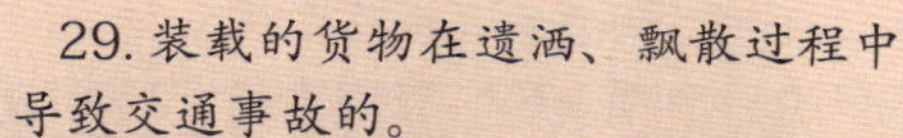

30.1. 违反装载规定，致使货物超长、超宽、超高部分造成交通事故的。

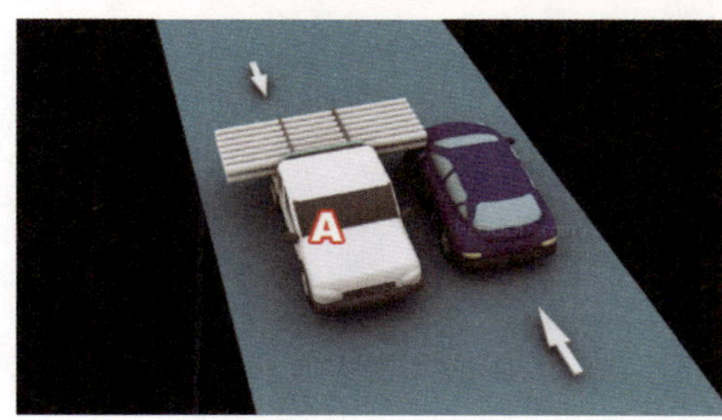

30.2. 违反装载规定，致使货物超长、超宽、超高部分造成交通事故的。

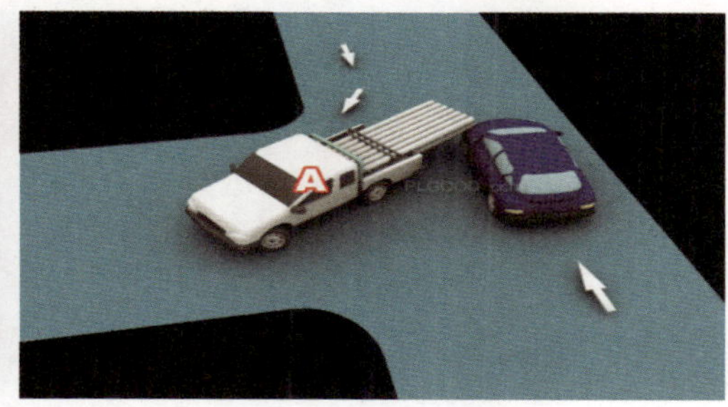

31. 违反导向标志指示行驶的。

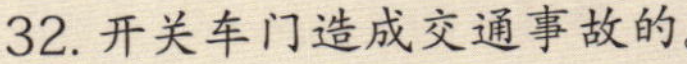

32. 开关车门造成交通事故的。

33.1. 未按导向车道指示方向行驶的。

33.2. 未按导向车道指示方向行驶的。

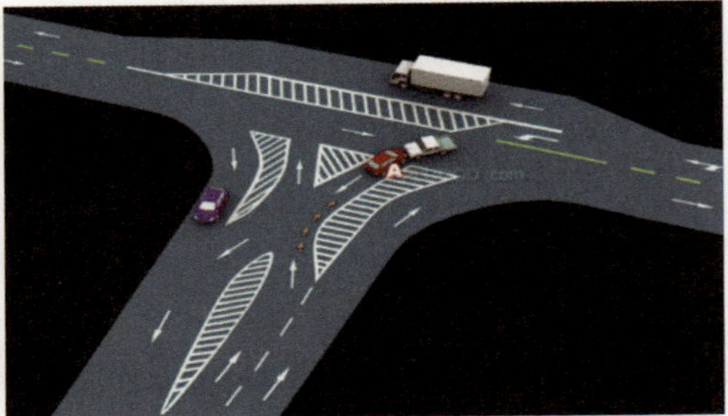

附录二

中国高速公路编号及编号规则

导语： 目前，中国高速公路发展迅猛，通车里程位列世界第二，路网纵横交错，四通八达。在高速公路网络中选择合适的高速公路线路出行，这就要求驾驶人需有必要了解国家高速公路的编号规则。

根据《国家高速路网规划》，2010 年 7 月底前完成新的命名。国家高速公路新编号开头的“G”是“国”字拼音的首写字母，寓意国家路网。后面的阿拉伯数字，是按序列进行编号。《国家高速路网规划》明确，我国目前有 7 条从首都发出的放射线，9 条南北纵向线，18 条东西横向线，简称“7918”工程，另有 4 条地区环线高速。这些骨架网大部分已建成通车，仍有部分路段处在建设中。

1. 高速公路路线编号由一位公路管理等级代码（国家级即 G，省级即 S）和数字构成。

2. 国家级高速公路（通称国道主干线）按首都放射、北南纵线、东西横线分别进行编号。

3. 7 条从北京出发的放射线高速公路：以 1 位数字表示，编号分别在 G1 ~ G9 间。

G1——京哈高速（北京—哈尔滨）、G2——京沪高速（北京—上海）、G3——京台高速（北京—台北）、G4——京港澳高速（北京—香港、澳门）、G5——京昆高速（北京—昆明）、G6——京藏高速（北京—拉萨）、G7——京新高速（北京—乌鲁木齐）。

4. 9 条南北纵向线：以 2 位奇数表示，编号在 11 ~ 89 之间，目前，除“G 11”（鹤岗—大连，鹤大高速）外，其余编号的个位数均是“5”。

G11——鹤大高速（鹤岗—大连）、G15——沈海高速（沈阳—海口）、G25——长深高速（长春—深圳）、G35——济广高速（济南—广州）、G45——大广高速（大庆—广州）、G55——二广高速（二连浩特—广州）、G65——包茂高速（包头—茂名）、G75——兰海高速（兰州—海口）、G85——渝昆高速（重庆—昆明）。

5. 18 条东西横向线：以 2 位偶数表示，编号在 10~90 之间。

G10——绥满高速（绥芬河至满洲里）、G12——珲乌高速（珲春至乌兰浩特）、G16——丹锡高速（丹东至锡林浩特）、G18——荣乌高速（荣成至乌海）、G20——青银高速（青岛至银川）、★ G22——青兰高速（青岛至兰州）、G30——连霍高速（连云港至霍尔果斯）、G36——宁洛高速（南京至洛阳）、G40——沪陕高速（上海至西安）、G42——沪蓉高速（上海至成都）、G50——沪渝高速（上海至重庆）、G56——杭瑞高速（杭州至瑞丽）、G60——沪昆高速（上海至昆明）、G70——福银高速（福州至银川）、G72——泉南高速（泉州至南宁）、G76——厦蓉高速（厦门至成都）、G78——汕昆高速（汕头至昆明）、G80——广昆高速（广州至昆明）。

6. 4 条地区环线：也以 2 位数命名，编号在 91~99 之间。

G91——辽中环线、G92——杭州湾环线、G93——成渝环线、G98——海南环线。

后 记

近十几年来，我国家庭小汽车的保有量发展迅猛。面对亿万正在使用和将要使用家庭小汽车的人群，如何向他们普及购车用车的常识，指导他们安全驾驶、文明出行，为之提供实用性的简明读本，尤显必要。为此，本世纪初出版的《家庭汽车顾问手册》主编李刚，组织专家编写了通俗版的《安全行车　快乐驾驶》图书。作者采用图文并茂、版面新颖的形式，浓缩内容，提炼精华，成文问答，以图示意，力求简明扼要、通俗易懂；以激发广大读者的阅读兴趣，寓教于自觉且轻松之中。通过大家的共同努力，为广大读者企盼的家庭小汽车实用指南——《安全行车　快乐驾驶》终于出版了。

参与本书编写的人士是一些长期从事道路运输和交通管理工作的专家学者。主编李刚（李天然），毕业于吉林工业大学汽车系，在汽车制造和汽车运输行业从业40年；曾任交通部公路司车辆管理处处长，交通部办公厅副主任，交通运输部道路运输司司长，交通运输部政策研究室主任。副主编陈祁章，原江西省公路运输管理局局长，从事交通运输工作40余年，高级经济师。副主编向伟，毕业于重庆大学汽车专业，先后从事汽车设计、驾驶员培训行业管理、高速公路路政管理等工作，现任湖南省高速公路管理局长沙管理处纪委书记。中国道路运输协会驾驶员培训专业委员会组织并参与了本书的编写。南昌豫青园文化发展有限公司完成了本书的插图制作、版面设计。为方便读者，书中的两个附件分别摘自公安部交通管理局和交通运输部公路局的有关资料。

参与编写、绘图的人员还有：范立、张晓青、李时锋、郝志虎、彭侃、卞为群、彭朝荣、李勃绪、邓富新、曾广华、周荣亮、符可、陈睿、李响、余明涛、黄清俊、郭阳、钟雅秋、石良君等。本书的编辑出版凝聚了各位参编者的心血，人民交通出版社股份有限公司也给予了大力支持。在此，对参编专家及支持单位表示感谢！

本书内容涉及汽车技术、驾驶、维修和交通安全等多领域，知识面广泛，但限于问答和插图示意的表述形式，一幅插图仅能突出表达条文的主要内容，加之受编写水平等因素影响，不妥之处在所难免，恳请读者批评指正。

编　者

2016 年 5 月